社研叢書 18
中国研究論集

中京大学社会科学研究所
中国の文化と社会研究プロジェクト
編

編集代表
大沼正博

白帝社

出版縁起

　本書は中京大学社会科学研究所のプロジェクト・チームのひとつである「中国の文化と社会研究」プロジェクトの活動の成果として出版されたものである。

　プロジェクトは四年前に誕生した。中京大学社会科学研究所の構成員である所員、準所員には中国を直接に研究対象とする者や、中国に強い関心を抱いている者が多くいる。これらの人々に参加を求めて中国を研究対象にするプロジェクトが立ち上げられることになった。

　日本にとって中国は一衣帯水の大隣国として古来から密接な交渉を持ち続けたことは言うまでもないことだが、そのような日本独自の関心の範囲だけに止まらず、ことに前世紀末以来の全地球規模での中国の影響力、或いは存在感の急速な増大は、日本にとっても日中両国の二国関係の問題を超えて、非常に注目せざるをえない事実として眼前に現れている。

　「中国の文化と社会研究」プロジェクトは、こうした同時進行しつつある未曾有の大規模で急激な中国の現実の変化に直面して、中国の文化と社会に関する研究がますます重要になっているとの認識のもと、あらためてより総合的でより正確な中国像を浮き彫りにすることを企図したものである。プロジェクトの参加者は専門も思想、経済、法律、文学、言語、外交、民族、民俗、文化史などさまざまで、研究対象の時代もいろいろである。この多様な参加者がそれぞれの多彩な知識、情報、関心を持ち寄っておのおのの個別テーマを相互に検討し合い、意見の交流を続けていくことを通じて、各自の関心の視野を広げ研究の分析を深めていくことを目指した。そうした過程を辿っていくことによってプロジェクト全体を一筋に貫いていくものが生まれることがあれば、このプロジェ

クトは目的を十全に達成したことになるという目論見であった。

　結果を言えば、このプロジェクト全体を纏め上げていくようなものは明確には生み出せなかったことになる。理由はいくつか考えることができようが、参加者の意見交流の機会をなかなか持てなかったことが最も遺憾なことである。けれども個々の研究については、十分な成果を得ることができた。そしてあらためてこれらの個々の研究成果を検討すると、中国全体を一望に納める視点は容易に手に入れることができないものだと、つくづく実感させられるのである。

　このプロジェクトは元来は張勤氏が呼びかけられて成ったものであるが、氏が翌年に中京大学の在外研究員として出国されたので、そのあとを大沼が引き継ぐことになった。本書の出版に際し、論文を寄せられた執筆者諸氏のご協力と、白帝社十時真紀氏のご尽力にお礼を申し上げます。

2006年2月20日

中京大学社会科学研究所
「中国の文化と社会研究」プロジェクト
研究者代表　大 沼 正 博

目　次

出版縁起 ……………………………………………………………… i

隠逸思想と文学者
　－陶淵明の場合－ ……………………………………… 山 田 英 雄　1

文学者としての施蟄存のアイデンティティー
　－小説における女性像を中心に－ ……………………… 張　静　萱　22

请求言语行为的语气和形式 ………………………… 张　　　勤　37

日中対照研究の可能性
　－加熱動作を表す語彙を例に－ ………………………… 酒井恵美子　53

明末清初の中国皇帝と西洋宣教師 ………………………… 李　　　明　73

日本はどう書かれているか
　－高校歴史教科書を読む（中華民国の成立から西安事変まで）－
　……………………………………………………………… 大 沼 正 博　97

せめぎあう中国と韓国の歴史・文化ナショナリズム
　－高句麗と端午節をめぐる２つの事件から－ ………… 櫻 井 龍 彦　130

中国から日本へ　獅子に見る受容と変容の一形式 …… 春日井真英　168

「文体」の変容をめぐって ………………………………… 福 井 佳 夫　196

執筆者紹介 …………………………………………………………… 225

隠逸思想と文学者

―陶淵明の場合―

山田　英雄

1. はじめに

　陶淵明は帰田後、隠逸生活を送る自己の日常を題材とする詩文の創作を楽しみとし、「帰去来兮辞」、「帰園田居」五首をはじめとして、「飲酒」二十首、「詠貧士」七首などの作品を著した。『詩品』は彼に「隠逸詩人の宗」の名を与えている。以来、隠逸詩人としての評価が高まるとともに、その人物像は理想化され、孤高に生きて清澄な境地に達した人という固定的な陶淵明像が形成された。

　近代に至って、その人物像をめぐって論議が起こり、今日では、一部の作品から理想的な陶淵明像を描出して、これを陶淵明の真実であると提示するのは恣意的で非であって、陶淵明の人物像は、作品全体を読み込むほか、彼が生きた歴史環境にも目を配って構成されるべきであるとするのが共通認識となっている。

　本稿では陶淵明の自己表現に着眼してその文学の特徴の一端を捉えてみたい。陶淵明の作品を読む時、その多くは隠士としてのイメージを作り上げるべくして詠じられていると看取される。詩人陶淵明の実像は隠士のイメージの追求者として捉えられるのではないか。私見では、陶淵明の詩ははじめから自叙性、自述性の傾向が強く、その性格は終生変わらなかった。彼の詩は、仕官する自己の行為に対して、これは本意ではないと述べることから出発し、後に仕官生活から離脱して隠遁生活を開

始してからは、詩の主なテーマを、本意の実現とその堅持の諸相の描出に設定していると見ることができる。

以下、仕官の時期、隠逸の時期の二期に分かって、詩における自己確認の表現を手掛かりにして、陶淵明がいかに自己を隠者として仕立て上げていったのか、その推移のあらましを追ってみた。

なお引用の詩文は『陶淵明集全釈』田部井文雄・上田武著、明治書院、2001年刊、を参照し、常用漢字、現代仮名遣いを使用した。

2. 隠逸への思い

陶淵明の63年の人生は、その活動によって、29歳から41歳までの13年間にわたる仕官の時期とそれ以後没年に至るまでの隠逸の時期とに分けることができる。仕官から隠逸へ、ここには大きな転換があるように見えるが、彼の詩文によると、隠逸は早くから願望されていたことであった。そこで先ず隠逸生活に入るまでの彼の思考の跡を追ってみよう。

2.1. 隠逸への憧れ

陶淵明が仕官するのは29歳の時であるが、以前より仕官には積極的な思考を持たず、閑静な生活を送ることに憧れていた。

「飲酒」の其十九に言う。

　疇昔長飢に苦しみ、耒を投じて去りて学仕す。
　将養節を得ず、凍餒　固より己に纏う。
　是の時立年に向とし、志意　恥ずる所多し。

詩の冒頭、30歳になろうとするころの最初の出仕を振り返り、農耕による生活が苦しかったため仕官したが、恥じることが多かったと言う。これは出仕が本意ではなかったからである。出仕する以前から、彼は世事に対する積極的な関心が希薄であったのであり、同様の表明は他にも見られる。

例えば、二回目の出仕として桓玄の幕僚であった401年、37歳の作、「辛丑歳七月赴暇還江陵夜行塗口」には、
閑居すること三十載、遂に塵事と冥し。
詩書　宿好敦く、林園に世情無し。
とある。仕官への意欲は語られず、俗世間と絶たれた田園で古典の書物に耽溺する生活に心惹かれると言う。俗事を避けようとする志向が強かったことが分かる。陶淵明の心が早くから隠逸に傾いていたことについては、なおいくつか例を挙げることができる。
　最終的な帰田を果たした後の著名な作、「帰園田居」の其一には、
少くして俗に適する韻無く、性は本より丘山を愛す。
誤って塵網の中に落ち、一去　三十年。
と言う。仕官はしたものの、若い時から俗事に適応する持ち前は無かったのだと人生の選択の誤りを認めている。
　五十代のはじめ重病に罹り子供たちへの遺言として書かれた文章、「与子儼等疏」には、
少きより琴書を学び、偶々閑静を愛す。巻を開いて得る有れば、便ち欣然として食を忘る。
とあり、彼が若い頃から、詩文や音楽を深く愛好し、自然の風物の美しさに心を寄せていたと知ることができる。
　以上、若い頃の彼の性行を詩文に見える回想的な記述の中に探ってみた。出仕以前の彼が自らの出処に関してどのような考え方を抱いていたか、直接に述べるものは乏しく、仕官時代や帰田以後に書かれた詩文に見えることばから推測することにならざるを得ないためである。
　ここでもう一つ「五柳先生伝」を取り上げておきたい。
　「五柳先生」と称される人物は、「閑靖にして言少なく、栄利を慕わぬ」性格で、「読書」と「酒」を楽しみ、「環堵蕭然」「短褐穿結」「箪瓢屢空」なる貧窮を極める生活状況にも平然として、詩文の創作を楽しみとして一生を終えたと記す。

この作品について、早く沈約の『宋書』「隠逸伝」は、
　　潜、少くして高趣有り。嘗て五柳先生伝を著して以て自ら況う。(中略、伝の全文引用) 其の自ら序すること此くの如し。時人之を実録と謂う。
と記している。この叙述の仕方からすると、この「伝」が書かれたのは陶淵明の若い時期、29歳の仕官以前と推定できる。

　五柳先生は架空の人物であるが、これが陶淵明自身をなぞらえるものであることは、伝と彼の詩文の内容がほとんど矛盾無く照応することから、従来異論のないところである。彼は人生をいかに生きるか、その過ごし方の理想像を描き、願望として表明したものと解される。

　このように陶淵明は早くから隠士として生きたいとの思いを懐いていたと言えるのであるが、彼の学問教養と出身環境からすると、自ら好まないとしても、出仕して世に出るという選択も可能であった。

　彼が儒家の思想を深く学んでいたことは詩文の中から十分にうかがい知ることができる。「飲酒」其十六に、
　　少年　人事罕にして、游好　六経に在り。
とあり、また「辛丑歳七月赴暇還江陵夜行塗口」に、
　　詩書　宿好敦く、林園　世情無し。
とあり、さらには「癸卯歳始春懐古田舎」二首の其二に、
　　先師　遺訓有り、道を憂えて貧を憂えず。
とあるのはその主なものである。

　これらからすると、彼の儒学学習は彼をまっすぐに政治参加へ志向させるものではなかったようであるが、儒家の教えは、治世であれば、世に出て政治に関与するべきであり、乱世に遭遇して退くことがあっても、意識は常に政治参加を志向し、関心を保持し続けるのをよしとした。この観念は彼の出処観にも大きな影響があったはずである。

　次に「命子」の詩を取り上げ、彼の出身意識を見てみよう。
　「命子」は長男の誕生に当たって儼と命名した際に作られた。29歳の作

と推定され、集中、最も早い作の一つである。四言、全80句、一段8句、十段よりなるが、第六段まで48句を費やして、彼は陶家の祖先の栄光を述べ、家系を誇らかに詠じている。ここに彼の家門意識の強さが現れていると見ることができる。

しかし、第七段に至って、
　嗟ああ　余は寡陋にして、瞻望すれども及ばず。
　顧みて華鬢に慙じ、影を負いて隻立す。
と述べ、自己の不才を認め、前途を悲観している。彼は陶という家門を負っているという意識から、家が己にかけた期待に応えようとするのだが、応え切れないと躊躇しているように見える。続いて第十段には、
　夙に興き　夜に寐ね、爾が斯の才を願う。
　爾の不才なる、亦　已んぬるかな。
とある。親の子への期待が彼に向けられているのと同様に、彼もまた子にそれを期待したと言えよう。

己の置かれた立場を自覚していた陶淵明には、家を輝かせようとする方策の一つが出仕であることは十分理解されていたはずである。

2.2. 仕官と本心のありか

陶淵明には出仕以前に隠棲への強い思いがあったことを述べたが、それは出仕を拒むほどの固い信念にまではまだ熟していなかった。29歳の時、彼はその思いを押しやって仕官に踏み出す。その後、41歳の彭沢県令への就任に至るまで、断続的に五度仕官を繰り返す。

仕官に至る事情として、彼は家の窮乏を挙げることが多い。先に引いた「飲酒」其十九のほかにも次の例がある。
　少くして窮苦、毎に家弊を以て、東西に游走す。
　　「与子儼等疏」
　此の行　誰か然らしめし、飢えの駆る所と為るに似たり。
　　「飲酒」其十

しかし貧窮からの脱出だけが彼の心を動かしていたのではない。前にも触れたように、儒家の教えに従い、士人として官途を目指すのは当然であったと見ることも可能である。陶淵明は初め世に出ることを当為とする思想の影響下にあり、それには逆らえないという思いがあって、その理に従うことにしたものとも思われる。後述するが、その思いは40歳に近づくにつれ高まっていった。仕官に当たって、彼の心にはこのように相反する思いが交錯しせめぎ合っていたと考える。
　重要なのは、仕官時に作られた詩では、仕官が本来の志に反するものであるとされて、なぜ自分は志に反することをなすのかと自己への問いかけが記されていることである。
　先ず「辛丑歳七月赴暇還江陵夜行塗口」を見る。この詩は、最初の出仕から約6年を経て400年に桓玄の幕僚となっていた彼が、その翌年、休暇による一時帰郷から帰任する際の道中での作である。前節で郷里に閑居し世塵から隔絶した生活を営んでいたことを述べる冒頭の4句を引いたが、それに続けて、
　　　如何ぞ此れを舎てて去り、遥遥と西荊に至れるや。
と、彼は自問する。彼はこの自問に対して、直接に答えることはなく、末尾の6句を以下のように結ぶ。
　　　商歌は吾が事に非ず、依依たるは耦耕に在り。
　　　冠を投じて旧墟に旋り、好爵の為に縶（つな）がれざらん。
　　　真を養う衡茅の下、庶わくは善を以て自ら名づけん。
　官途にあって認められようと努めることは願いではなく、本当の思いは隠遁して「耦耕」することに在ると述べる。身は官途にあるものの、心の底には押さえつけられた隠棲への思いが息づいている。出仕という行為とは裏腹に、心は隠棲を願っている。意に副わない行為を続ける彼は弁解をしない。弁解は隠遁への思いの強さを自ら消すことになると意識されたのであろうか。彼は思いのみを書き連ねることで、やむを得ぬ出仕を続ける自己の選択を塗り消して、乗り越えようとしている。

なぜこの詩を書いたのか。今仕途にある自己確認のためである。本心を傷つけている自己が今のところなしうるのは、作詩による本心の確認である。それを詩に顕在化させることで内面の傷を補修し心の平衡を保つのである。

「庚子歳五月中従都還阻風于規林」二首は、その前年の400年、公務を終えて都から郷里への帰る途次、強風に滞留を余儀なくされた時の作である。帰路での作であるから帰任時の先の詩とは対照させ難いが、其二に、

　　古より行役を歎ず、我今始めて之を知る。

　　（中略6句）

　　静かに念う　園林の好きを、人間　良に辞すべし。

　　当年　詎ぞ幾ばくも有らん、心を縦にして復何をか疑わん。

と詠じて、仕官を厭い、田園こそ好ましいとして、俗世から遠ざかって本心に適うべきことを確認しているのは、同様の発想であるとすることができる。

2.3. 固窮の節と拙

　401年の冬、陶淵明は母の死に遭い、403年の初めまで、郷里で喪に服した。この期間は、13年にわたる仕官時代の中で重要な節目をなす時期となった。彼は仕官の体験を振り返り、どう生きるべきか、自己を見つめなおす。この中で彼は自己を仕官になじまない存在とする認識をより深めたと思われる。

　ここで403年の二つの詩作、「癸卯歳始春懐古田舎」二首と「癸卯歳十二月中作、与従弟敬遠」に注目したい。

　前者は彼が「躬耕」を始めたことを述べる詩で、其一では、これまで畑に出て耕作に従事することがなかったが、早春の畑を体験して古代の「植丈翁」の心境もかくやと覚ったとして、

　　理に即すれば通識に愧づるも、保つ所は詎ぞ乃ち浅からんや。

と言う。また其二では、「道を憂えて貧を憂えず」という孔子の教えには及びもつかないので、生活の為に農事に励み、ささやかな日々の営みに楽しみを感じているとして、

　　長吟して柴門を掩い、聊か隴畝の民と為る。
と言う。農耕に勤しみ、『論語』に登場する古代の隠者たちへの追従によって自己の人生を隠遁への軌道に乗せようとする意志が示されている。

　より重視したいのは後者の詩である。年の暮、雪降りの日、厳しい寒気に耐え、粗末な家に世とはるかに隔たって過ごす彼は、いかに生きるか、どういう存在として自己を定立させるか、自己の進路を模索し、古書に先人の軌跡を探って参考にすべき対象を選び出し、将来を構想せんとする思考を従弟に示す。

　　千載の書を歴覧し、時時　遺烈を見る。
　　高操は攀ずる所に非ず、謬って固窮の節を得たり。
　　平津　苟くも由らず、栖遅詎ぞ拙と為さん。
歴史上に「遺烈」と称される人を見て、その「高操」に心引かれるが、手が届かない存在であるとしている。一方自分を顧みて、「固窮の節」を自らに認めており、これによって彼らに追随しようと考えている。さらに、平坦な仕官の道は通らないのだから、自分は「拙」、世渡り下手ではあるが、隠士の生活を続けることは世渡り下手の結果ということにはならないとする。

　ここで、陶淵明は己を「拙」と捉え、更に「固窮の節」が自分にあるとの自覚を持ち出しており、己の人生を生きる中核的な信念をしっかりと把握しているということができよう。「拙」なる自己ではあるが、「固窮の節」を拠り所とするならば、仕官を目指さず、退いて隠棲する生き方を保持していけるという見通しを立てている。世俗に距離をおいて生を貫いていこうとする意志的なものがより強く示唆されており、仕官否定の意向はより強固なものへと変化してきている。それはまだ決然と実行されるのではなかったが、既に相当に熟していたことは認めなければ

2.4. 仕官の努力と断念

　喪に服していた期間に陶淵明は自己認識を深め、隠士として生きる目標をひそかに定めていた。儒家の社会参加を優先する思想への対応が決着し、世から遠ざかって、隠士としての生活に入るかに思われる。しかし、喪が明けた後、彼はまた仕途に就く。404 年、40 歳になった彼は劉裕に仕えて赴任した。「始作鎮軍参軍経曲阿作」は就任早々の作である。

　　弱齢より事外に寄せ、懐を委ぬるは琴書に在り。
　　褐を被りて欣んで自得し、屢空しきも常に晏如たり。しばしば
　　時来たりて苟くも冥会し、轡を宛げて通衢に憩う。
　　策を投じて晨装を命じ、暫く園田と疎なり。
　　眇眇として孤舟逝き、緜緜として帰思紆う。

始めの 10 句で、若い頃より世俗の外に生きる志があったが、巡り合わせで仕官することにした。しかし任地への道中早くも帰郷の思いがまつわりつくと述べている。ここでは仕官することへの自問はないものの、その選択に対してはかなり無責任な態度を示している。ここからは仕官に対する自発的な心の動きは読み取れない。これに続けて、旅路の中で沸き起こる思いを述べた後、

　　真想は初めより襟に在り、誰か謂う　形迹に拘せらるると。
　　聊か且く化に憑りて遷り、終に班生の廬に反らん。

と結んでいる。ここでも彼は、身は官界に置きながら、内心では「班生の廬」を自らの最終的な帰着点として刻み付け、本心の在り処を確認している。

　この詩の構成は先に引いた「辛丑歳七月赴暇還江陵夜行塗口」に類似している。本心に反する仕官の選択と本心の確認。本心はここでも貫徹されない。

　彼はなぜ本心を裏切って仕官を受け入れるのか。彼は婉曲に「時来る」

と言い、「時」に委ねて、自ら関わりをあいまいにして心中を明瞭に語らないが、私はその頃の作と推定されている「栄木」の表現に、その理由を見出すことができると考える。この詩で彼は年を重ねても出仕において成功しないことへの焦燥感を表明している。

　　嗟　予　小子、茲の固陋を稟く。
　　徂年　既に流れ、業　旧に増さず。
　　　　（中略）
　　先師　訓えを遺す、余　豈に云に墜さんや。
　　四十にして聞こゆる無きは、斯れ畏るるに足らず。
　　我が名車に脂さし、我が名驥に策たん。
　　千里は遥かなりと雖も、孰か敢えて至らざらん。

詩には「序」があり、

　　栄木は、将に老いんとするを念うなり。日月推遷し、已に復九夏。総角より道を聞くも、白首にして成る無し。

と述べている。

　この詩には仕途における成功の願いが表明されている。孔子のことばに反応して「聞こえる」こと、世に出て名を顕すことをともあれ達成しようとしたのである。本意ではないとしながらも、出仕して功を揚げて社会での名声の獲得に至るのは、士としての務めであるとする観念に抗し切れないからである。彼は出仕を果たしえないことに負い目を感じていると言える。

　この仕官は短期で終わり、間もなく再び劉敬宣の幕僚として出仕する。成功への努力がやはり本心の貫徹を一時的に麻痺させてしまう。「乙巳歳三月為建威参軍使都経銭渓」はその出仕の翌年の春の作であるが、その詠懐はやはり「辛丑歳七月赴暇還江陵夜行塗口」、「始作鎮軍参軍経曲阿作」の構成と似て、現実の行為とは裏腹に本心のありかを吐露して結びとしている。

　　伊れ余　何為る者ぞ、勉励して茲の役に従う。

一形　制せらるる有るに似たるも、素襟　易うべからず。
　　田園　日々に夢想す、安くんぞ久しく離析するを得んや。
　　終懐　壑舟に在り、諒なるかな　霜栢宜しとは。
　名を揚げようと己を励まして仕官するのだが、内心ではそれに背く自分がいる。身体は束縛されているが、内には変わることのない志がある。究極の願いが保持されていることを確認して詩を結ぶのだが、「伊れ余何為る者ぞ」の一句は、自己追及の厳しいことばと読むことができる。
　30代の後半から40代の初めにかけての出仕については、「飲酒」其十六に、
　　行き行き不惑に向とするに、淹留して遂に成る無し。
とあり、彼は不成功として回顧している。また「祭従弟敬遠文」には、
　　余嘗て学仕し、人事に纏綿たり。流浪して成る無く、素志に負かん
　　ことを懼る。
とあり、徒労の悔恨を洩らしてもいる。かくて、俗世に於ける名声の獲得への意欲は一挙に退潮し断念されたと推測される。41歳の秋、彼は彭沢県令に就いた。この時、彼にはもはや仕官に対して重い責務を負う意識はなかった。「帰去来兮辞」の「序」には、
　　余　家貧しくして、耕植するも以て自ら給するに足らず。幼稚室に盈ち、餅に儲粟無し。生生の資る所、未だ其の術を見ず。……家叔余の貧苦なるを以てし、遂に小邑に用いらる。……心に遠役を憚る。彭沢は家を去ること百里。公田の利、以て酒を為るに足る。故に便ち之を求む。
とある。貧窮を救うことを目論み、家から遠くない任地という好条件ゆえに就任したのだった。だがこれも永続できず、わずか八十余日で辞任してしまう。辞任の契機について「序」は程氏に嫁いでいた妹の死を言い、『宋書』「隠逸伝」などでは県が派遣した督郵に対して束帯して拝謁することを求められたためとして、説が分かれるが、辞任の核心は「序」中の、

質性は自然にして、矯励して得る所には非ず。飢凍切なりと雖も、己
　　に違えば交々病む。……是に於いて悵然として慷慨し、深く平生の志
　　に愧ず。
ということばに呈示されている。己は隠士としてあるべきだとする認識
が現実化され、仕官からの離脱が果たされたのである。

3. 隠逸の実践

　陶淵明は41歳の秋、彭沢県令を辞して帰田した。この帰田は仕官と隠遁の間で揺れた人生の路程をきっぱりと隠遁へと向けるものとなった。「帰去来兮辞」と「帰園田居」五首はこのときの彼の心情を記すもので、隠逸生活の開始を告げる記念碑とも称しうる作品である。これ以後は427年、63歳で生を終えるまで、彼は再び仕途に就くことなく、隠者として自己を持して、その表現の追求に努め、郷里での隠逸生活を守り通した。

3.1. 躬耕する生活

　隠士陶淵明は帰田後の生活をどのように生きたのか。先ず「帰園田居」詩を見てみよう。「方宅十余畝、草屋八九間。」(其一)彼は郷里の田野にあるこの家を本拠として躬耕する生活を始めている。其二では、
　　相見て　雑言無く、但だ道う　桑麻長ずと。
　　桑麻　日々に已に長じ、我が土　日々に広し。
と、村人との往来、畑の拡大に触れている。また其三では、
　　豆を種う　南山の下、草盛んにして　豆苗稀なり。
　　晨に興きて荒穢を理め、月を帯び　鋤を荷いて帰る。
と、耕作に打ち込む様を詠じている。
　出仕を拒むからには、生活の主軸は農耕に置かざるを得ない。既に述べたように仕官時代に農耕の経験があり、農耕に生きる構想を描いていた。出仕しないことが「拙」であろうとも、窮乏にも動ずることのない

「固窮の節」を頼りに、郷里の園田に生きていくのだとの思いをひそかに固め、それを従弟に告げていた。

この思いこそ隠逸生活を持続していく中核的な信条となるもので、彼はこれに依拠して躬耕の実践へと進むのである。

農事を主題とする詩としては、帰田5年後の410年、46歳の作、「庚戌歳九月中於西田穫早稲」がある。

　人生　有道に帰する、衣食は固より其の端なり。
　孰か是れ　都て営まずして、而も以て自ら安んずるを求めんや。
　開春　常業を理め、歳功　聊か観るべし。
　　（中略4句）
　盥濯して簷下に息い、斗酒　襟顔を散ず。
　遥遥たり　沮溺の心、千載乃ち相関す。
　但だ願う　常に此の如きを、躬耕は嘆く所に非ず。

更にその6年後の416年、52歳の作、「丙辰歳八月中於下潠田舎穫」がある。

　貧居は稼穡に依り、力を戮す　東林の隈。
　言わず　春作の苦しきを、常に恐る　憶う所に負くを。
　　（中略10句）
　日に余　此れを作してより来、三四　星火頽る。
　姿年　逝々已に老ゆ、其の事　未だ云に乖かず。
　遥かに謝す　荷蓧の翁に、聊か君に従いて棲むを得たりと。

この二詩の結びの部分には、先の詩、「癸卯歳始春懐古田舎」二首と同様に、躬耕する古代の隠者の名が組み込まれている。彼は農耕に生きる古代の隠者に倣い、己の生活を全うしようとしている。躬耕の実践によって彼等と肩を並べ、その仲間となろうとする。彼等の跡を追って躬耕生活の実践を果たすことで、陶淵明は彼等との繋がりを実感する。この実感の中で彼は自らを彼等に相並ぶ存在として価値付けるのである。

日々の農事に努め励む彼の姿勢は一貫していた。「民生は勤むるに在

り、勤むれば則ち匱しからず。」(「勧農」)の句は、「衣食は当に須からく紀むべし、力耕は吾を欺かず」(「移居」其二)と合わせ見るならば、農民に対する励ましであるに止まらないと解される。

　では、農事への勉励は帰田後の彼の生活に安定をもたらしたのであろうか。かつて意に染まぬ仕官を繰り返した理由の一つが、貧窮の回避であったことを思えば、その勉励が帰田後の生活を窮苦と無縁のものとしたと簡単には言えないようである。作品中には不安定な生活に悩む彼の姿が散見される。

　帰田の3年後、彼は家を全焼する(「戊申歳六月中遇火」)という不運に見舞われた。「雑詩」其八では、躬耕の努力にもかかわらず、窮乏に陥りがちで、食料・衣料の欠乏の悩みを哀しんでいる。

　　代耕は本より望みに非ず、業とする所は田桑に在り。
　　躬親ら未だ曾て替らざるに、寒餒常に糟糠。
　　豈期せんや　満腹を過ぐるを、但願う　粳糧に飽くを。
　　冬を禦ぐに大布足り、麤絺　以て陽に応ぜん。
　　正に爾るをすら得る能わず、哀しいかな　亦傷むべし。

　また酒に事欠き、無上の楽しみであった飲酒もままならぬこともあると言う。

　　物に感じて時に及ぶを願い、毎に憾む　揮う所無きを。
　　悠悠として秋稼を待ち、寥落として　将に贍遅ならんとす。
　　　　「和胡西曹示顧賊曹」
　　民生　長く在ること鮮し、矧んや伊れ愁苦の纏るをや。
　　屢清酤の至るを闕き、以て当年を楽しむ無し。
　　　　「歳暮和張常侍」

甚だしいのは「怨詩楚調示龐主簿鄧治中」で、

　　弱冠にして世阻に逢い、始室にして其の偏を喪う。
　　炎火屢焚如たるも、螟蜮　中田に恣にす。
　　風雨　縦横に至り、収斂　廛にも盈たず。

夏日　長く飢えを抱き、寒夜　被無くして眠る。
　　夕べに造れば鶏鳴を思い、晨に及べば烏遷を願う。
　　己に在り　何ぞ天を怨まん、離憂　目前に悽たり。
などと、成人以後の人生の不幸、不運について恨みがましいことばを連ねている。

　さればこそ、彼に隠居の生活を見直すようにと処世の忠告をする人もいたわけである。「飲酒」の其九では、
　　繿縷　茅簷の下　未だ高栖と為すに足らず。
　　一世　皆　同じきを尚ぶ、願わくは　君其の泥に汨めと。
と、俗世の人々と調子を合わせて生きることを勧める客人に対して、彼は、
　　轡を紆ぐるは誠に学ぶべきも、己に違うは詎ぞ迷いに非ざらんや。
　　且く共に此の飲を歓ばん、吾が駕は回らすべからず。
と応答して、決然とその勧誘をはねつけている。「帰去来兮辞」の「序」に言うのと同様に「己に違う」ことを厳しく自戒して、仕官への誘いを拒み、隠士として生きる決意を明瞭に示している。

3.2.　貧士への追随と批判

　躬耕からの不退転を言う彼には、不安定な躬耕生活に耐え、それを克服していく心の強さが求められた。彼は貧苦の境遇に耐えて高潔に生きた人々を古典の中に見出し、躬耕生活を送る心の支えとしようとする。

　彼は「詠貧士」七首の其一で躬耕する自己は知己もなく孤独であると嘆き、其二で心を慰めるのは困窮に耐えた古代の賢人だと述べた後、栄啓期と原憲（其三）、黔婁（其四）、袁安と阮公（阮脩？）（其五）、張仲蔚（其六）、黄子廉（其七）ら、彼が心を寄せる古代の貧士 8 人の事績を詠じている。其三から其七まではその詩が取り上げている貧士の記述になるのは当然だが、其六では、
　　人事は固より以て拙なるも、聊か長く相従うを得ん。

と言い、其七でも、

　　　誰か云う　固窮難しと、邈かなるかな　此の前修。

と言って、自分の「拙」と「固窮（の節）」を持ち込んでいる。己の有する「拙」と「固窮の節」の意識を配しているのは、この信条の持ち主であればこそ、自分は古の貧士と向き合い、彼等を心の支えとすることができるのだという思考があるからであろう。

　これに類似する表現は「感士不遇賦」にも見られる。

　　　寧ろ固窮以て意を済し、委曲して己を累わさざらん。
　　　既に軒冕は之れ栄に非ず、豈に縕袍を之れ恥と為さんや。
　　　誠に謬会以て拙を取り、且く欣然として帰せん。
　　　孤襟を擁して以て歳を畢え、良価を朝市に謝せん。

　節を曲げて己を煩わすよりは、固窮の節操を貫き通したい。官界で得られる身分を栄誉としないのだから粗末な衣装も恥ではない。拙なる生き方をよしとして孤高を守っていくのだと決意を表明している。

　隠逸を生きる心の支柱として、「拙」と「固窮」を確認した陶淵明は、己の躬耕生活を成功と位置づける。躬耕する者として在りえているとの意識の中に、彼は達成感がにじみ出るのを禁じえなかった。

　「九日閑居」で、彼は重陽の佳節であるのに酌む酒もなくただ菊の花を服用していると託ちながらも、

　　　襟を斂めて独り閑謡すれば、緬焉として深情起こる。
　　　棲遅　固より娯しみ多く、淹留　豈に成る無からんや。

と、隠棲の生活には楽しみが多いと述べて、達成するものが無いとすることに反発している。「成る無し」は、前に引いた「飲酒」の其十六では仕官の不成功を意味しているが、ここではそれを意識して、隠棲の生活には成すところが無いと見えるかもしれないが、そうではない、成果はあると言うのである。それは「深情」の中にあると言ってよいだろう。その感情は隠棲生活を送る日々において、しみじみと感得される様々な人生の実感、幸福感を包括しているであろう。

この感情は躬耕生活の余暇に楽しみとされていた読書の時にも湧出してくる。愛読書『山海経』に寄せては、「読山海経」十三首の其一に
　　周王の伝を汎覧し、山海の図を流観す。
　　俯仰して宇宙を終う、楽しからずして復如何。
と記す。これも躬耕の生活の一こまを描いて、自娯している例である。他にも例は多い。「答龐参軍」（五言）は59歳の春の作で、序には久しい病のため詩文の制作から遠ざかっているとしながらも、「幽居の士」として持しながら、自宅における龐氏との親しい語らいを、
　　談諧いて俗調無く、説く所は聖人の篇。
　　或いは数斗の酒有れば、閑飲して自ずから歓然たり。
と詠じている。龐氏に対してはその年の冬にも詩体を四言に変えて同題の作があり、これには、
　　衡門の下、琴有り　書有り。
　　載ち弾じ　載ち詠じ、爰に我が娯しみを得たり。
　　豈に他好無からんや、楽しみは是れ幽居。
　　朝に灌園を為し、夕べに蓬廬に偃す。
とあり、隠遁する生活自体が楽しいとしている。

彼の感覚はとりわけ飲酒によって亢進し、表現として結実する。「飲酒」の「序」には、
　　余　閑居して歓び寡く、兼ねて比夜已に長し。偶〻名酒有り。夕べとして飲まざる無し。影を顧みて独り尽くし、忽焉として復酔う。既に酔うの後、輒ち数句を題して自ら娯しむ。紙墨遂に多く、辞に詮次無し。
とあり、詩文の制作を酔余の娯しみとしていた。

亢進は、自負を懐く彼をしてただ古代の高潔の士に追随させるばかりではない。躬耕の生活で獲得した確信の情から、批判がましい独立した意見を吐かせてもいる。「飲酒」の其十一に、
　　顔生は仁を為すと称せられ、栄公は道を有すと言わる。
　　屢空しくして年を得ず、長く飢えて老いに至る。

身後の名を留むと雖も、一生亦枯槁す。
　　　死し去りては何の知る所ぞ、心に称うを固より好しと為す。
とある。顔回と栄啓期の高潔な在り方はすばらしいが、枯槁であってはならないとする。顔回が楽しみの境地に達していたことを承知の上で、敢えてこう言っている。酔いに任せた勇み足ではなかろう。
　私はここに陶淵明の自負を見る。隠逸を生きる時、生は外形として現れ、他者もまずそれを見る。しかし隠士としての達成は形としてのみあるだけではない。陶淵明は外形より内面を重視し、隠逸の日々の内実を伝えることに意味があるとしたのではないかと思われる。彼は古人の生き方を追うとともに、隠逸の生活に生起する思いの軌跡を書きとめた。隠者の内面、それは形としては現れないが、そこには喜悲する感情が息づいている隠者の真実がある。隠遁生活の一こま一こま、そこにある観念や感覚、波動する実感の表現の中に彼の実体が存在する。躬耕生活がもたらす心の豊かさ、生の充実感、解放、自由の感覚、これこそ真実である。彼はこの実感こそ確かなもの、誇るべきもの、自らの人生を価値付けるものであるとする。
　彼にはこの実感以外に誇るべきものはなかった。これこそ己独自の世界であるという自負があった。その観念、感覚を言語に定着させるのが彼の詩である。

3.3. 名への想念

　だが隠者として生き隠逸に没入することが適えばそれでよかったのではない。彼はそれだけでは満たされなかった。
　「飲酒」の「序」には、酔余の作を記録し「以て歓笑と為すのみ」と言い、連作最後の其二十を「但恨むらくは　謬誤多きこと、君　当に酔人を恕すべし」と控えた言いようで締めくくっているが、「飲酒」の詩に限らず、その他の作、詠懐或いは贈答の作においても、その背後には自己への理解の願いがこめられていたと見られることに注意しておきたい。

己の先達と見定める古人に追随して隠士として生きる陶淵明には、古代の貧士に伍して歩むという自負があり、彼等と同値として自らを価値付ける意識がある。「詠貧士」の対象の如き人々は厳として歴史に名を残す存在である。彼等のように生きるならば、己も価値が認められるはず。さすればと、彼は当世の人の心に刻み付けられる存在となり、更には歴史に名を残して不朽でありたいと期待を膨らませる。
　認知されることへの切望感は、「擬古」九首の其二に後漢末の隠士田疇を取り上げて、
　　聞く　田子泰有り、節義　士の雄為りと。
　　斯の人　久しく已に死し、郷里　其の風に習う。
　　生きては世に高き名有り、既に没して無窮に伝う。
　　学ばず　狂馳の子、直百年の中に在るのみなるを。
と、生前に高名を得、死後にも不朽の名を伝えていることを羨望の情をこめて述べていることにも現れている。
　彼は「飲酒」の其二で
　　積善　報い有りと云うも、夷叔は西山に在り。
　　善悪　苟くも応ぜずんば、何事ぞ　空言を立つる。
　　九十　行くに索を帯ぶ、飢寒　況や当年をや。
　　固窮の節に頼らずんば、百世　当に誰をか伝うべき。
とも言う。伯夷、叔斉と栄啓期とは、当世において応報を得ることができなくても、節義の人、隠逸の人という名声を今に伝えている。それは固窮の節に頼ればこそであると言う裏には、そうであるなら、己も固窮の節を頼りとして、善に励んで百世にも名を伝えるべく努めようと期する心が読み取れる。
　名を得るのは困難であることを承知して、なおも名に拘るのは、それが価値評価に関わるからであろう。己が価値に繋がる存在としてあれば、名などどうでもよいと言うこともできる。しかし実あれば名ありである。名がなければ、それは実がないということになるのではないか。名がな

ければ存在が知られない。その名によらずして己をどうやって他者が知ることができるのか。

　しかし、価値があるとしても、常に世は名をそれに与えるとは言えず、現実には知己すら得難い。彼は知己の不在を嘆いて、「飲酒」の其十六では、

　　孟公茲に在らず、終に以て吾が情を翳う。
と言っている。

　名を獲得することへの期待が望み薄であることから、名は永遠のものでなく、由るべきものでないとして、こだわりから脱したことを表明することもある。「和劉柴桑」の詩に、

　　去去百年の外、身名　同に翳如たらん。
とあるのがそれだが、彼は名を超越できたかどうか。超越したと称することで超越者としての名を得ようとしていると解することもできる。

　私は、「酔人」は自己表現の効果を頼み、名を後代に期していると解するのだが、名を求めての遍歴は当てもないことであり、結局彼が帰着するのは「飲酒」其十七に言うように、己の保持であった。

　　幽蘭　前庭に生じ、薫りを含みて清風を待つ。
　　清風　脱然として至らば、蕭艾の中より別たれん。
蘭の芳香を運ぶ風は必ず吹くのだから、己を高潔に保っておりさえすれば、いつかは知られる時が訪れると期待している。だが、その風はいつ吹くのか。彼はいつかは吹くものと自らを納得させるほかなかった。

4. 終わりに

　陶淵明は帰田後、躬耕生活こそ価値有る生き方で、己の生活はこれ以外にはありえないと思い定め、この方針を守って生きた。ここから彼の詩文の主題の一つは、躬耕を続けて己の真実を保持し、称心の日常を過ごし豊かな精神世界を感得できたという自負の表現となった。

50代に入ると、病による身体の衰えが進行し、詩文の制作が減少していったことは、51歳の頃に書かれた「与子儼等疏」に「疾患以来、漸く衰損に就く。親旧遺てず、毎に薬石を以て救わるるも、自ら大分将に限り有らんとするを恐る。」とあることや、59歳の作、「答龐参軍」の「序」に「吾　疾を抱くこと多年、復文を為さず。本より既に豊かならず、復老病之に継ぐ。」とあることから知られるけれども、晩年に至っても、彼の自負は揺るぐことがなかった。それは死期を間近にして書かれた「自祭文」にもよく現れている。
　彼は一生を総括して、貧窮の人生であったが、躬耕の生活を読書と弾琴を楽しみとしてゆとりをもって過ごすことができたと言うのに続けて、
　　惟れ此の百年、夫の人は之を愛しむ。
　　彼の成る無きを懼れ、日を愒り時を惜しむ。
　　存しては世の珍と為り、没しては亦思われんとす。
　　嗟　我は独り邁き、曽に是れ茲に異なれり。
　　寵は己の栄に非ず、涅も豈に吾を緇めんや。
　　窮廬に捽兀として、酣飲して詩を賦す。
と、俗世の人と自分の生き方を対比して示している。世人は俗世の価値にこだわり、「無成」を懼れ、栄名を追求したが、己は彼等とは距離をおき独自性を貫いたとする。これは世俗においては不成功であったが、隠棲の生活においては成果を挙げることができるのだと自信を示していた（「飲酒」其十六）のと照応しあった表現であると考える。
　自己の表現を目指す彼の文学は、はじめ「五柳先生伝」によって提示された隠士像の輪郭に、作詩による肉付けを施すものであったと言え、陶淵明という新しい隠士像は「自祭文」をもってその定立が完結する。

文学者としての施蟄存のアイデンティティー

―小説における女性像を中心に―

張　静萱

1.

　「……ある時期、私はこう思ったことがある。私の生活や私の筆ではおそらく写実的な小説でさえ容易に書けない。もしも全中国の文学芸術の読者がただ一種類だけの文学芸術を求めるならば、私は筆を置き、書かないことにするほかない。そうではない以上、私は私なりのものを書くしかない。」「私はよりよい作品を書き上げたい、私は創作の上で新しい道を独自に歩んで行きたい。」

　施蟄存は、文学創作において、自ら書いたように、ずっと独自の新しい道を求め、歩み続けてきた。1930年、彼は当時の文壇におけるプロレタリア文学の影響によって『阿秀』と『花』のような作品も残しているが、それらを創作した後、自分がそういう方向に発展していく可能性がないと感じ、初版本『上元灯』に収められている『梅雨之夕』や『妻之生辰』の線に戻り、「変態的，怪異的心理小説」の創作をすると同時に、人間の心理や私生活の細かなことなどを追求し、書き続けた。その中で『善女人行品』を中心に書かれたさまざまな女性像が彼の文学の輝きとして注目され、中国現代文学史においても貴重な財産として残されている。それらを通して彼の文学の一端を見ることができる。

　この小論は小説『霧』、『春陽』および『周夫人』を取り上げ、施蟄存

文学における女性像、そしてその女性像や作品を通して彼らしい文学、彼のアイデンテイテイ、彼の独自に歩んできた文学の軌跡を辿ってみたい。

2.

『霧』の主人公である素貞は、婚期を逸したカトリック教神父の一人娘である。彼女は、幼い頃に母親を亡くし、父親の手一つで育てられ、海に面した小さな漁村に住んでいるため、望み通りの相手がなかなか現れず悩んでいた。ある日、素貞は、従姉の結婚式に出席するため、上海に行った。上海行きの汽車の中で、青年紳士と知り合い、自分が理想とする男性に出会ったという予感がして、心の中でひそかに喜んでいた。だが、その紳士が映画スターであり、卑しい芸人だと分かると、気持ちが急に冷めていく。映画スターが所詮卑しい芸人という発想の構図は当時の封建的な社会の一般的な認識から来るものだが、皮肉なことにそこに素貞の悲劇が一端を覗かせている。

素貞は、才色兼備の女性である。彼女は、読み書きができない当時の一般の女性と違い、学校にこそ一日も行ったことがないが、字が書け、父親の持っている「几百卷旧书」を耽読することができただけではなく、父親に代わって教材や講演の原稿も書ける才女である。おしゃれで綺麗な都会の女性に劣らないほどの美人の上に、自分が典型的な多情な「佳人」だと自負する。将来の理想の夫は、詩や文章が書け、お酒を飲みながら、月を観賞する優しい美男子と決め込む。しかし、作者が彼女に与えたのは当時の一般女性と同じもので、数百戸の漁民がいるだけの漁村であり、学校さえなかったという生活や行動の範囲が制限される極めて狭い生活環境であった。従って、彼女の理想的な人は、もちろん漁民しかいない小さな村にいるはずがない。

「彼女の理想が如何なるものであるかにも拘らず、この小さな町の中に

おいて彼女にとって可能な出口は事実上二つしかない。一つは漁民に嫁ぐ、もう一つはオールド・ミスで一生を終える」と作者は断りながら、上海行きに、彼女に第三の可能性を与えた。上海行きの汽車の中で青年紳士と出会った彼女は、恥ずかしい思いをし、戸惑い、そして地面に落としたハンカチを青年紳士が拾ってくれると、驚き喜び、声を震えさせながら、十秒後にやっと慌てて続けざまに「谢谢你,谢谢你」と言葉が出る。これも彼女の生涯において大いに記念すべき言葉なのである。なぜならば、これは彼女が見知らぬ男性に初めて言った言葉だからである。いずれにせよ、上海行き、そして青年紳士との出会いは、彼女にとっては夢をつかむチャンスとなるはずだった。

　しかし上海でいとこ姉妹との談話からその青年紳士が「一个戏子」だと分かれば、きっぱりと彼への思いを断ち切ることにする。そこに旧中国の保守的インテリ社会における「清高」があり、悲劇の原因がある。

　ところが、青年紳士が本当に理想の白馬の王子なら素貞はハッピーエンドを迎えるのか。作者が用意している答えは否である。上海行きの列車の中で、自由恋愛もいいじゃないと思った節もあったが、詰まるところ、自由恋愛は、彼女には重すぎて、合わないものであった。父親は一人娘に深い愛情を抱いているが、彼は保守的な人間であり、婚姻に対する考えは娘とまったく同じであり、自由恋愛には反対であった。それどころではない。数年前上海から家に来てくれた従姉妹が新しく流行っているチャイナドレスを着ていたが、彼女は父親と同様、それが鮮やか過ぎると気に食わなかった。彼女の夢は、二重も三重も因循守旧の考えに閉じ込められ、本当にただの夢にすぎない、という悲しいほどのいじらしさが『霧』全編に霧のように漂っている。

3.

　もし『霧』に描かれている素貞がまだ霧の中で徘徊しており、封建的

な守旧意識の縛りから脱出していないと言うなら、『春陽』の「嬋阿姨」からは、すこしだけだが、人間として一人の生きた女性としての本能よりこういう縛りを解こうとする微かな目覚め的なものを感じ取った。

『春陽』の主人公である「嬋阿姨」のフィアンセは、彼女が22歳の頃、吉日の二か月ほど前に急に亡くなった。「嬋阿姨」は熟慮したのち、大地主の一人息子であったフィアンセの位牌と結婚し、その家のすべての財産を合法的に相続する権利を得た。

現在35歳になった彼女は、上海郊外の小さな町——昆山から汽車に乗り、上海へ行って銀行から利息を取り出してから、春の陽射しのもと、賑やかな南京路へと歩いていった。大通りを往来している綺麗な身なりをして、陽気溢れる男や女を見ながら歩いていると、彼女は突然長い間失っていた精力が急に自分に戻ってきたような感じがした。これまでの自分に対する反抗の心も急に彼女の胸を熱くした。自分もまだ35歳に過ぎないのだ。「为什么到上海来不玩一玩呢？做人一世，没钱的人没办法——人有的时候得看破些，天气这样好。」そう思う彼女はいつもと違って冠生園レストランに入った。近くのテーブルに坐っていたカップルとその子供が目に入った。自分の食卓には自分以外に誰もいない。いつも抑えてきた胸の痛みがまた始まった。自分の友人の女性たちはみな嫁いで、息子もおり、娘もいる。彼女はますます寂しく感じるようになった。優雅な中年紳士が自分のテーブルまで来たが、ちょっと躊躇してからまた通り去っていった。そこから彼女の思いが馳せる。付き合っているボーイフレンドが彼女と手に手を取って大通りを散歩し、暖かい太陽が並んでいる二人の肩に注いでいる。彼女は体が軽くなった気がした。

ここまで読むと、読者は主人公の将来に明るさが感じられるようになるかもしれないが、物語の展開はそうは行かない。稀にある勇気が涌る時に、「嬋阿姨」はすべての財産を捨てて結婚しようと思ったこともあるが、しかし今現在にあるすべてを犠牲にすることで以ってこの寂寞を突き破ることが彼女には到底できなかった。

結局、彼女はふと銀行の保管箱に鍵をかけたかしらと気になり、もう一度見に行き、そしていつもの通り、3時発の快速に乗って昆山に帰った。汽車の中で辛そうに、しかし余念なく冠生園のレシートで昼食の支払いの計算をしていた。
　漁民に囲まれ、霧に包まれる素貞と違い、陽春の暖かい日射しに内心に深く埋めたはずの春への憧れが蠢動し始めた。この人が白馬の王子だろうと理想と現実の距離を測る素貞よりも、「嬋阿姨」は、幻想的な域を超え、優雅な紳士からボーイフレンドと大通りを闊歩する、というかなり現実的であり得そうな自分へとオーバーラップしていた。大通りは、店を出れば、すぐなのだった。
　しかし、この財産と幸福の二者選一しかない世の中における財産の代価を払うかもしれない一歩は、「嬋阿姨」には重過ぎた。また漁村へ戻り、夢を見続けるだろう素貞と同じように、「嬋阿姨」もまた同様に家財の管理に残りの青春を費やすあの上海から離れた昆山に戻っていった。上海を、いやあこがれていたこれまでと異なる自分のいる新生活を、自分も多分その正体が分からない無念さを抱いて離れ、漁村や昆山に、というより、無意識的に離れよう、捨てようとする古い伝統的封建的な自分の最終的な落ち着き先に戻っていく。

4.

　素貞は、自分の未来の婚姻に憧憬と幻想をいっぱい持っていながらも、因襲と束縛を断ち切ろうとする現代的な新女性の要素を持たず、保守的でひたすら霧の中で夢を求めつづけ、苦悶ばかりして生きている典型的な女性像として読者に惜しみなく与えられる。素貞は、読書が好きで知的であり、美貌の持ち主の上に、自分に強い自信も持っているが、このような主人公の内面と主観的な部分がその生活環境に相容れないものではなく、その存在が異様なものとして浮かび上がってくる。このような

存在は、文字も知らず、ただ家族や夫についていく当時の一般中国女性とは異なり、また覚醒し始めた時代の新女性とも異なって、保守的で社会の新しい風潮に追いつかず非現実的で田舎っぽく、いわば特殊な意味での世間離れ、世間知らずという存在であると言えよう。この新と旧の狭間に足掻いている女性像から、時代の流れに取り残され、何をする勇気もないデリケートな性格のまま、青春、ないし生命をも台無しにして過ぎ行く虚しさが手に取るように読み取れる。そういう中から作者の深くて鋭い批判の目が窺われて警世の声が聞えるとしても読みすぎではなかろう。

『霧』全体を通して、タイトルでもある「霧」で貫かれており、短い作品の中で「霧」に関する描写は六か所にも及んでいる。最初に伏線として描かれた「霧」と、最後の閉めくくりについに追い散らすことができず、主人公を苦悶させ続けていく「霧」は、実に象徴的なものである。言い換えれば、主人公の特有のシチュエーションと彼女を取り巻くさまざまな要因によって彼女の運命が決まってしまっているということが象徴的に現れている。当時中国社会全体にかかっている「霧」が作品においては、何よりもまず保守的な愛父、歴史と伝統のある封建的な考え、社会の風潮、古い因襲などの影響として主人公に覆いかぶさってくるのである。

しかし、ことはすでに陽春の日射しがかかっている「婵阿姨」に至っても同様である。大都会上海にお金を取りに行くことを契機に「婵阿姨」は目覚めを覚えた。封建的倫理観念によって抑圧された原始的な性が蘇った。作者の描写は非常にリアルである。十二、三年間の孤独、寂寞、抑圧の生活の辛さは、年齢に従って増していき、現代の新しい風に吹かれて、これまでの自分と異なる自分になろうと思い始めることに至ったが、結局は「婵阿姨」も素貞と同じくついに伝統的な考えの枠を突き破ることができなかった。もう少し正確に言うと、時代が「婵阿姨」に幸福と家財の両者から一つしか選ばせなかった中から、「婵阿姨」は、目覚

めを覚えながらも陽春の日射しがかかった幸福を捨て、当時の多くの女性が選ぶだろう家財を選んでしまったのである。そもそも「婵阿姨」は丁玲などの20年代の作品に現われるような自由と個性の解放を求める新しい女性ではなく、彼女のいわゆる目覚めはただ単に性に関する目覚めであって、世界観、人生観における目覚めではない。「婵阿姨」の性への芽生えは、彼女の目覚めを意味するものであるが、しかし彼女の置かれている社会的環境と彼女の封建的思考が原因で「婵阿姨」は現在所有する財産を放棄し、自分の幸せを大胆に追求することが不可能である。ここに浮き彫りにされる女性像は、素貞のような純粋なものではなく、目覚めに打勝った打算があり、幸福と引き換えた家財があり、新生活を諦めた寂しい女性があるものである。

　素貞や「婵阿姨」を縛っているものは、古い中国社会の封建的な道徳観念を核とする伝統的な倫理観や考えより来るものである。このような伝統的な考えは「婵阿姨」をして意識的、無意識的に人間性と欲求を抑えこませていた。作品に展開される彼女たちの心理的な葛藤は、封建的な考えによって抑圧された欲求と人間性の目覚めの蠢きであろう。でも悲しいことに「婵阿姨」は自分の生涯の幸せの代価を払ってフィアンセの家財を守ってきた管理人に徹することを選んでしまい、当時中国社会の女性の終わらない悲しいドラマの一駒となった。

5.

　素貞や「婵阿姨」と異なる社会の層に生きていた『周夫人』における周夫人は素貞らとはまったく別の極端を走る女性であった。

　周夫人は、素貞のように純粋な夢を持ちながらも囚われている封建的な伝統的な意識がないし、「婵阿姨」のように自分の幸福と財産をいつも天秤にかける必要もなかった。夫をなくした周夫人は、30年代社会のどん底に暮らしている人々とは違い、裕福な暮らしをしていたのである。

周夫人は、「穿着得朴素而精美」「将手搭在我的肩上，仔細的瞧着我」「她房間里陈设的东西并不多，但毎一件都是很精致的」。これらの描写によって、女中と亡き夫の妹と三人で暮らしている彼女は身分のある家の生れで、若いし、教養もある、ということが醸し出される。

しかし、周夫人は、亡き夫への思い、生活の虚しさ、性的苦悶など、諸々の窒息的な環境の中でもがいており、精神的、感情的、性的に苦しんでいる。それらが彼女をしてどこか亡き夫に似ているまだ12歳の少年「私」に思いを寄せさせ、性的に興奮させ、変態的な性意識へと発展させた。

舞台が慈谿だった『周夫人』において、素貞や「嬋阿姨」など伝統的な旧思想に囚われる女性と違い、現代都会的な性意識によって歪められた女性像が浮かび上がってくる。周夫人は、素貞が抜け出せなかった古い慣わしへの拘りを持っておらず、「嬋阿姨」が新生活と引き換えに守った裕福な生活も最初からある。しかし、周夫人は、この封建的な社会への反逆児にはなれなかった。彼女には、現代の私たちから見れば反逆する条件が備わっているものの、封建的な考え方が強く存する社会への真っ向からの反抗が出来ず、精神的な自由が抑えられ、内面に持った諸々な精神的な苦しみは、陰湿的変態的な性意識とその行動に移っていくぐらいの「反逆」しかできなかった。封建的な考えによって精神的な自由が抑えられることへの反動として、自由恋愛もいいじゃないと思った素貞、一瞬の目覚めを覚えた「嬋阿姨」、少年に思いを寄せた周夫人という施蟄存の描き出した三人の女性はまったく同じ轍を踏むものだったのである。

『霧』『陽春』『周夫人』の三篇において、漁村—昆山と上海—慈谿、という舞台に展開される因襲に泥む田舎的な保守—家財に囚われる新生活一歩手前での諦観—精神的な苦痛にあがく無力な反動という線、素貞（未婚女性）—「嬋阿姨」（中年女性）—周夫人（未亡人）、という女性像とは、ここで重なり合って、現代文化が激しくぶつかり合う30年代の中国における伝統と現在、社会通念と個、そして個人の幸福のあいだに徘

徊する女性像が否応なしに押し寄せてきて、リアルに展開されるのである。

　こういう人間性の目覚めと、それに失敗してしまったり、心の葛藤に苦しんでいたりする女性の悲しさというモチーフが施蟄存の作品において貫かれており、上に見てきたように、施蟄存は、心理分析小説においてもリアリズム性を失わせておらず、社会の現実、時代の様子を的確に捉えているのである。

6.

　『霧』『陽春』『周夫人』の三篇における女性像の成功は、心理分析手法の導入と相俟っている。
　施蟄存が同窓生であった戴望舒、杜衡とともに刊行した雑誌『瓔珞』に掲載された『周夫人』はフロイトの心理学説の影響を強く受けた作品である。今ではもう中年になっている「私」が十数年前のことを思い起こしたという形で、まだ少年で何もわからなかった自分が、ある日、家の女中と一緒に近くの「周少奶奶」の家へ遊びに行った時のことから語りはじめ、その目を通して周夫人のイメージを浮かび上がらせる。

　　「偶然在灯光里抬起头来，屡次看见周夫人在注视着我。一撇眼波中，我看她慈善与美丽的荣光在流动着。」「她将我的手一把抓住了。我抬起头来，她正在微笑地对我瞧看。」「我睁着一双无知的眼瞧着她的严肃而整齐的美脸，她却报我以一瞥流转得如电光一般迅速而刺人的，含着不尽的深心的眼波。」「我看她脸上全都升满了红晕，娇媚得如揉匀了胭脂一般，猛不防她用两臂将我全个身子都搂在她怀里；她抱住了我退坐到床上，她让我立着将上半身倾倚在她胸前，啊！天啊！她把她的粉霞般的脸贴上了我的。她在我耳轮边颤抖地说：
　　　"你不是很像他吗？"

我是，除了闻到一缕轻淡的香味，一些也没有旁的感觉，我的心房也并没有震动过一次，虽然我是很觉得她胸部起伏得厉害。」

少年の目を通して描かれたこれらの描写にはフロイトの学説の影響の面影が見られる。実際、中国では、「新文学の発展が始まるその日からフロイト学説の影響が、数多くの作家の作品の中に浸入していた。」施蟄存も30年代に「……『文芸新聞』に発表された適夷先生の誇張した批評のお陰で私はいまだに新感覚主義のレッテルがはられている。これは確かではないと私は思う。……私の小説はただ freudism の心理小説を応用しただけにすぎないと私は知っている」と強調して自己弁護している。さらに施蟄存は当時中国文壇の状況を回顧し、次のように言っている。

「フロイトの心理学説の影響で、作者たちは、世態人情のあらゆる物事にはみな表層と深層の二面があるとして留意した。人間の思想、観念、言語、行動は、いずれも単純な思惟の結果ではなく、さまざまな矛盾をしている複雑な意識の葛藤の結果であることを認識するようになった。そこで多くの作家はもはや外在の人情世態を作品の題材にするのではなく、人間の内心の思考活動を描き出すのを題材にするようになった。すると心理分析小説が誕生したのである。」

15歳の時に英語の読解力が高く、すでに直接原文が読めるようになった施蟄存はオーストリアの作家シュニッツラーの作品をはじめ、アメリカ、ノルウエー、ハンガリーなど十数カ国の作家の作品、約30作近くを翻訳している。彼は、イギリスのロレンス、チョイスや日本の田山花袋などの影響を受けているが、何よりも彼にもっとも大きな影響を及ぼしたのはシュニッツラーの『多情の未亡人』、『短命なダリサ』、『アイルサイの死』（後にまとめて『婦心三部曲』となる）であろう。シュニッツラーの作品において性に関する描写は、何らかのストーリー性のものに重点を置

いているのではなく、ほとんど性的心理の分析を重要視していると施蟄存は評している。シュニッツラーのこれらの女性の結婚や愛、性的心理を描いた作品が施蟄存の創作に深く影響したことは上の作品を通して見ても明らかである。施蟄存は、フロイトの学説を受容し、それを創作の方法として積極的に自分の作品にさりげなく取り入れ、もがいている女性を見事に描き出しており、『周夫人』はその典型となる作品であろう。

7.

　西洋の現代的な小説の技巧も駆使する『霧』は、三人称の語り口によって淡々と展開させていく主人公の心の動きや特有のシチュエーションがリアルに再現され、全体が物語の進行に従い、一つの半アーチ形の線をなしてくる。素貞は、自分の理想的な将来の夫に対する思いをひそかに抱く中、それにぴったり副うかのような青年紳士と出会い、彼から送られてくる秋波に胸が熱くなり、ついに自分が理想的な人と出会うことができ、28年間の処女生活がむだでなかったと喜んだ。作品を通して交差する手法であるが、この辺において小説もまた三人称の語り口から一人称の主人公の心的描写にごく自然に切り替られ、繊細な筆致によって女性の心理が流れるようにとらえ、描き出されている。「她们穿着的旗袍，袖子短得几乎像一件背心了，袒露着大半支手臂，不觉得害羞吗？况且现在已是秋天，不觉得冷吗？」と主人公の意識が流れる。汽車の座席に坐り、眼差を換えてやや離れた女性客のほうを見る場面の描写の続きに、ある男性が隣の女性と話し合っているのを見つけては、「他们说些什么话呢？显得这样亲热，不像是一对结婚的伴侣吧，这女客人为什么脸红红的？」と、自然に何気なく完全な「内心独白」を始める。さらにちょっと斜めの方向を見れば、50歳近くの女が財布を開けて中の鏡をのぞきこんでいるのを目にすると、「到上海之后，我也得买一个这样的钱袋，……或者，她肯先借给我用用吗？」とまた「内心独白」を続ける。これらの

意識の流れとそれに伴われてくる「内心独白」は、まさに世間の流行に追いつかず、世間を見ていない田舎っぽい主人公の垢抜けなさと幼稚さの露見であり、その後の「一个戏子」の考えの流れへと繋がっていく。作者の鋭い観察と分析の目が素貞の心中を透視し、それを代弁するかのように描き、場面を展開していく。ここで、作者は「意識の流れ」や、「内心独白」の手法を意図的に取り入れているのが読み取れる。列車が進み、徐家匯の二棟の高層ビルディングが目の前に現れた。すると主人公の意識がそれに従い、ホームに立って自分を待つ従姉妹たちに会って話しをしながら、その家に行くのを想像し、流れていく。

「——要不要告诉她们呢？她在火车上认识了一个人，这样好看，这样温和，说话又这样的文雅，而且，他又是懂得诗的……」「他也住在徐家汇，一条街上。也许他会认识我舅父的。也许明天舅父上学堂去的时候，会得在路上碰到他——"昨天荣幸得很，在火车上见到了令甥女素贞小姐，"——"啊，不错，她说起了的，费神得很，多多照应了。"——可是他怎么知道我的名字？他又怎么知道谁是我的舅父，哎，连他的名字叫什么，我也没有知道啊。哦，我希望他是舅父的学生，他只要一到舅父家里来，就一切都好了……」「什么？做生意！他以为我舅父是个做生意的吗？这太侮辱人了。我应该告诉他个明白，否则……否则他会连我都看不起的。」「可是，二妹说什么？……做影戏的，一个戏子，一个下贱的戏子！难道他是个戏子吗？」

ここまで来ると、すでに「内心独白」の域をとうに超え、得意な心的動きの描写と、主人公の「内心独白」を読者との直接対話に持ち込むことで、雰囲気を作り、「霧」の中で彷徨う主人公の人物像が自然に現実的なものに作り上げられてきたのであった。

8.

　施蟄存の女性を主人公にする作品には、そのほかに、ダンサー、主婦や店員などが描かれているが、どれも丁玲などの作家の描いた自由、独立を求めるような「新女性」ではない。しかし、施蟄存の女性主人公たちの生きている時代と言えば、古い考えや、封建的な意識構造などが、まだ根強く人々の中に残されている時代である。上に述べてきた施蟄存の描いた女性は、作者自身が『善女人行品』の序文に書かれているように「ほとんど私が近年見ていた典型だと言える」[8] すなわち、これらの女性は、当時の社会に実在したもので、彼女たちは自分の生活のエリアから抜け出せなくて、自分の境遇や運命と抗争し、新しい婚姻と生活、そして新しい道を求めることもできない。これは、一つは彼女たち自身がもち合わせた封建的な考えかたによる束縛、もう一つは社会的な状況や環境、つまり当時社会そのものがそうさせなかったことなのであろう。施蟄存のこれらの作品を通して私たちは、30年代ごろ抑えつけられていた女性の典型がわかり、またそれを通して当時上海周辺の庶民の生活ぶりも覗くことができた。

　施蟄存のこれらの作品は、中国の古い封建的な伝統文化、意識の人に対する束縛と傷跡を十分に反映しており、中国の国情を書こうとする作者の意識がよく分かる。そもそもリアリズムは施蟄存文学の出発だった。これはその「習作」期の作品を読めばわかるが、その後、フロイトやとくにオーストリアの心理分析作家シュニッツラーの影響を直接受け、心理分析小説を創作するようになって、彼の豊作期を迎え、最も彼らしい作品を多産した。上で見てきた女性像から、彼の実験と努力は成功したと認められよう。施蟄存の歩んできた文学の道は、まさに探索、実験と開拓、そして絶えず新機軸を打ち出すオリジナルの道であった。現代ヨーロッパや日本などの外国の文学を受容し、それを自分の作品に巧みに取り入れ、人間の内心の世界に深く立ち入って、その心理と意識、そ

して潜在意識まで流れるように表現する方法を作り出し、現代人の複雑な心像をより適切に表す手法を開拓した。まさに彼自身が言うように文学創作の上で自分の道、新しい道を切り開いたわけである。「この時期の小説は、私自分自身が心理分析、意識の流れ、モンタージュなど各種新興の創作方法をリアリズムの軌道に乗せたと思う[9]。」

施蟄存は30年代における自分の創作を回顧し、さらに次のように言っている。

「新しい創作方法の運用は単純に追求することもできないし、一概に排斥することもできないが、人物の描写や主題の強化にプラスになるなら使ってもよい。ただ自分が中国人であって、中国の国情を反映する内容を書いているのだということは忘れてはいけない。もし創作において単純に外国の形式を追求するだけならば発展性がない。作品に持続した生命力を持たせるには「輸入品」のよいところを取らなければならない。そうして初めてそれを中国の土壌に移植してオリジナリテイもあり、民族的な特色もある作品を作り出すこともできる[10]。」

施蟄存の歩んできた文学の道を見れば分かるように、彼はまさに自分の決めた道に沿ってやってきたのである。言わば、心理分析、意識の流れ、潜在意識、モンタージュなど様々な新しい手法を取り入れ、中国の国情を表すような作品を作ってきた。

この意味で『霧』と『春陽』は、東洋的なものと西洋的なものとを結びつけることに成功した作品だと言えよう。内的独白、心理分析、意識の流れ、それに客観的描写を併用する手法を取るが、同時に、作者が完全に小説から身を引いているわけでもない。客観的な描写は画面を提供し、内的独白、意識の流れは作中人物の深層心理をはっきり浮かび上がらせ、それによって作中人物に対する全面的で深い理解を得ることがで

きる。作中人物の意識の流れの描写は前後につながっているが、それほど飛躍性はない。意識の流れの東洋化を十分に意識しているものと言える。

　施蟄存は西洋の現代的技巧を借りてはいるが、中国の作家としてそれ自身のアイデンテイテイは失っていない。施蟄存の創作は題材と技巧において中国文学に新しいものを取り入れただけではなく、その文学を作り替える役割もしている。中国の作家としてのアイデンテイテイを保ちながら、意識の流れの東洋化を果たしたといえよう。この意識の流れの東洋化のプロセスは創造であり、施蟄存の言葉で言えば「創造的な模倣」である。

注

1) 施蟄存　「我的創作生活之歷程」、『施蟄存散文選集』、百花文芸出版社、p102, 1986。
2) 施蟄存　「我的創作生活之歷程」、『施蟄存散文選集』、百花文芸出版社、p101, 1986。
3) 施蟄存　「我的創作生活之歷程」、『施蟄存散文選集』、百花文芸出版社、p102, 1986。
4) 小説の引用はいずれも『施蟄存代表作』（中国現代文学館編、華夏出版社、1998）による。
5) 朱寿桐主編　『中国現代主义文学史』、江苏教育出版社、1998。
6) 施蟄存　「我的創作生活之歷程」、『施蟄存散文選集』、百花文芸出版社、1986。
7) 施蟄存　「世界文学大师小説名作典藏本总序」、『世界文学大师小説名作典藏本』、上海文艺出版社、1994。
8) 施蟄存　「『善女人行品』序」、『施蟄存七十年文選』、上海文艺出版社、1996。
9) 施蟄存　「关于现代派一席谈」、『文汇报』、1983年10月18日。
10) 施蟄存　「关于现代派一席谈」、『文汇报』、1983年10月18日。

请求言语行为的语气和形式[1]

张 勤

1. 直接和间接

从理论上来讲,请求言语行为是旨在让听话人服从说话人的某种意愿,按照说话人的要求行动的行为,这是一种以听话人为中心的越权行为。不管请求言语行为的最终目的何在,也不管说话人和听话人的关系如何,请求言语行为都有可能伤害听话人的面子。尤其听话人在一个团体里的社会地位高于说话人,或双方的关系比较生疏时,有必要使用一些客气委婉的表达方式,以恢复因请求造成的关系紧张,使请求言语行为得以成功。

(1) 把窗户关了。
(2) 你别关窗户。
(3) 能不能请您把窗户关上?
(4) 请您别关窗户,好吗?

从意义来说(1)和(3)表示肯定的请求,而(2)(4)则表示否定的请求。但是从语言表达形式来看,(1)(2)属同类,句法结构的意义和句子要表达的第一义是一致的,换句话说,(1)和(2)通过句子形式直接表达了说话人想说的意思,是一种<u>直接表达方式</u>,其语言形式便是直接形式。(3)(4)则不同。(3)(4)的句子属疑问句的句法结构,就其第一义来说,听话人只要回答"能"或"好"即可。但是根据上下文,显然不能仅回答"能"或

"好"就可了事。因为(3)(4)都是一种请求,请求听话人"关窗"或"别关窗",只有听话人接受请求,说话人的话才算没白说,说话人和听话人之间的言语交际才得以成立。(3)(4)通过疑问形式表达了请求,请求是作为间接的意义出现的,所以用(3)(4)是一种间接表达方式,其语言形式便是间接形式。

从逻辑上说,间接表达方式要比直接表达方式来得客气委婉。但是实际的言语交际并非完全如此,直接表达方式和间接表达方式,究竟哪一个更合适,并不是绝对的,往往随语境而变。如(5)虽然是间接表达方式,但是说话人和听话人之间的关系反而显得很不自然。

(5)(好朋友之间)
  A: 你给我看一下水开了没有,好吗?
  B: 好,还没开。
  A: 你再给我窗关一下,好吗?
  B: 好。

当然,并不是不可以这么说,只是这么说不符合A和B之间的好朋友的关系。间接表达方式虽然客气,但是,在这里反而疏远了关系,使A的话变得很不得体。

因此,我们不能单纯地根据形式来判断其客气委婉程度。那么,判断依据在哪儿?

这种语用策略在不同的语言中似乎是相同的。我们在日语里也可以观察到这两种不同的方式和与此对应的形式,如(6)和(7)。

(6)窓を閉めてくれよ。
(7)窓を閉めていただけませんでしようか。

日语的情况要比汉语复杂些,因为日语存在"简体"和"敬体"之分。

铃木1997指出，不能简单地以为敬体要比简体客气委婉，简体和敬体各有一个言语行为的准则。铃木1997还总结说，如果用简体说话，那么说话人就可以侵犯听话人，可以问听话人的内心事，也可以把一些行为强加给听话人，如不管其喜欢与否就可明言送其某一样东西；但是，敬体正好相反，不能对听话人有任何类似的侵犯，不然就失去客气委婉的语气。根据铃木1997的分析，（6）把关窗的事强加给了听话人，在简体里，这是正常的；而（7）则是问说话人自己能不能请听话人关窗，直接说的不是听话人的事，而是说话人的事，在这个意义上（7）是客气委婉的。我们且不深入讨论铃木1997的观点，这种讨论客气语气的出发点给了我们一个启示：在汉语里，客气委婉的语气的产生是基于一种怎么样的机制？它的内在意义何在？当然，"你给我看一下水开了没有，好吗？"是客气和委婉的，在分析这个形式使用范围时，同时能弄明白其客气委婉意义产生的机制，那么我们不仅能知道其客气委婉的内在意义（如日语（7）的客气委婉的内在意义在于不侵犯听话人），而且还可以为在理论上找出其他表示客气委婉意义的方式和形式提供依据。

下面，我们先分析"～，好吗"句的使用范围，然后讨论其客气委婉的内在意义。

2. 得益和负担

Leech 1983指出，在现实的言语交际中，直接形式和间接形式的使用是否得体合适不能仅从形式来判断，同时请求内容也是测试形式合适与否的标准之一。换言之，判断一个形式（无论它是直接形式还是间接形式）得体合适与否必须从表达形式和请求内容两方面进行。

首先，请求内容可以根据请求内容实现以后是说话人得益还是听话人得益分成两类。说话人得益就意味着对听话人来说是负担，如果听话人得益，那么对说话人来说就是负担。（8）是说话人得益的请求，（9）是听话人得益的请求。

（8）　　肖科平伸出两只赤裸的胳膊："把我那件衬衣扔过来。"

　　　　李缅宁从沙发上乱堆在一起的衣服中挑出一件衬衣，扔给她："你用不着先想方设法安置我。我挺好，你只管忙你的，不必惦记我。"

　　　　肖科平坐在被窝里左右开弓穿衬衣："你这人心里怎么这么阴暗？我是关心你。"

　　　　"我领情。"（王朔《无人喝彩》）

（9）　　肖科平正在灯下摊着曲谱看，韩丽婷端着两碗热腾腾的汤元用身子顶开门进来：

　　　　"我都做好了。"

　　　　"哎，你也真是的，多麻烦。"肖科平只得起身接过盛汤元的碗。

　　　　"吃吧，你就别客气了。"

　　　　韩丽婷端着碗自己坐到一边沙发上一五一十地吃起来。（王朔《无人喝彩》）

　　虽然（8）和（9）同属直接表达形式，但是它们的使用情况是不同的。如果我们不考虑汉语的特殊情况，仅从理论和形式的绝对意义来分析，那么听话人得益的（9）要比说话人得益的（8）来得合适。Leech 1983 指出了英语中的这种现象。即一个形式得体合适与否在说话人得益和听话人得益的两种情况之间是不对称的。直接形式体现说话人的比较强硬的态度，在这种态度下听话人很少有照请求内容去做还是不做的选择。如果请求内容对说话人有利，那么直接形式就有强求听话人去做的意思，语气生硬，得体合适程度就低。反过来，如果请求内容对听话人有利，那么直接形式就会体现出说话人迫切希望听话人得益的诚意，语气虽生硬，得体合适程度却反而提高。想象如果将（9）的"吃吧，你就别客气了。"说成"你吃，好吗？你就别客气了，好吗？"，便使人怀疑是否真心了。

　　间接形式和直接形式正好相反。如果请求内容对说话人有利，那么间

接形式就会调节两者之间的关系,因为间接形式给予听话人更多的选择余地,更尊重听话人的主观意志,这样礼貌程度就高。反之,如果请求内容对听话人有利,那么使用间接形式便会使人怀疑说话人的诚意。

如将上述关系用图表归纳,便形成以下对应格式。

表达形式	直接形式		间接形式	
请求内容	说话人得益	听话人得益	说话人得益	听话人得益
效 果	不得体	得体	得体	不得体

根据上述对应格式我们可以得出以下语用规则。

  暂定规则1:如果请求内容对说话人有利,用间接形式。
  暂定规则2:如果请求内容对听话者有利,用直接形式。

我们採集到的间接形式"～,好吗?"的实际语例的使用条件,基本上符合上述规则。

（10） "跟我说说你好吗?我还几乎一点不了解你呢。"我扭头看于晶,她的眼睛在桔红的路灯下又黑又亮,露出那么绕有兴味的神气。（王朔《浮出海面》）

(10)的"我"和于晶并不熟悉,此时于晶正对路边发生的交通事故感兴趣,而"我"则急于了解于晶的情况,可以说"跟我说说你"对于晶来说未必是乐于做的事。所以此处的"好吗"这一间接形式正合适得体。

（11） "南希南希,咱们别弄这事好不好?我这岁数,哪经得住你这么看,告诉你我已经几天几夜没合眼了。"
    "是想我想得吗?"
    "你饶我这一遭,好吗?求你了。我一辈子道貌岸然树叶掉了

怕砸着头,今儿你掉下来——难道我就过不去这一关?"(王朔《谁比谁傻多少》)

(11)南希百般设法想求爱于"我",而"我"却无此心。拒绝南希对她来说无疑不是益事,为了达到拒绝南希的目的,"我"只好用"你饶我这一遭,好吗?"这样的间接形式来"求"南希。

(12)　　我断然没事决不去七号病房。见到刘小岸就故意大大咧咧,再不能坦然如初我也得使劲去做,我东拉西扯,还放肆地大笑,以表示我心中从来就没有过涟漪和波纹。有一天我给他送药,病房里没别人,他对我说的一大堆笑话和废话沉默良久,然后也不看我,轻声规劝道:"燕喃,别这样好吗?你不会演戏……"
　　我的脸刷地一下子红了,两颊胀得几乎要爆裂开来,想不出任何合适的话回敬他。离开七号病房以后,我对自己的愚蠢和拙劣几乎恼羞成怒,我到底应该怎样做才既正确又合乎常理?!(张欣《梧桐梧桐》)

(12)的"我"钟情于"他",但却"故意大大咧咧"以表示"心中从来就没有过涟漪和波纹"。而"他"也钟情于"我",希望"我"直截了当。为了不伤害"我",尽量顾及"我"的面子,"他"不是用直接形式,而是用"燕喃,别这样好吗?"来"轻声规劝""我"。

(13)　　他时刻向身旁一位中年妇女打听着离七桥还有多远。后来他知道七桥马上就要来到时,他离开了座位,将旅行包和草席搬到车门口。接着转向司机,递上去一根已被汗水浸湿的香烟,恳求他:
　　"叔叔,你在七桥停一下好吗?"
　　司机接过香烟以后,只看了一眼,就将那根湿漉漉的香烟从车窗

扔了出去。我年幼的朋友望着司机不屑一顾的神色，难受地低下了头。他心里盘算着在过了七桥后那一站下车，然后往回走。可是司机却在七桥为他停下了汽车。（余华《在细雨中呼喊》）

（13）的"他"是小孩，让司机停车当然对司机来说是件麻烦的事，所以用了给予司机有充分选择余地的间接形式。

上述的语例都体现了暂定规则1和暂定规则2。

3. 亲和疏

但是，在现实的言语交际中，汉语的许多语例的实际得体程度是无法用暂定规则1或暂定规则2来测试的。（14）就是一例。

（14）　　肖科平伸出两只赤裸的胳膊："把我那件衬衣扔过来。"
　　　　李缅宁从沙发上乱堆在一起的衣服中挑出一件衬衣，扔给她："你用不着先想方设法安置我。我挺好，你只管忙你的，不必惦记我。"
　　　　肖科平坐在被窝里左右开弓穿衬衣："你这人心里怎么这么阴暗？我是关心你。"
　　　　"我领情。"（王朔《无人喝彩》）

"把我那件衬衣扔过来。"对李缅宁来说必须付出劳力，是一种负担，而对肖科平来说则是有利的请求，因为自己可以不起来取衣服。根据暂定规则1应该用间接形式，但此处并非如此，不过我们并不感到这样的说法不自然或太生硬。如此语例在汉语中比比皆是。

（15）　　"不会出什么事吧？"刘书友担心地说。
　　　　"我想不会。"李东宝接过合同看，"谁敢骗骗咱们？这帮人

大概文化低，想多拉点钱。那章也许先盖完咱们的再盖他们的。"

"谁敢？"于德利瞪眼，"现在这人谁不敢？还别说你是个小小的杂志社了。那帮人现在在哪儿？"

"他们住一部队招待所，西郊。"戈玲说。

"更像了，<u>东宝，你带我去会会这帮人</u>。我走南闯北过来的，专讧骗子。<u>牛大姐，我回来前，这章就先不要乱盖了。</u>"

于德利拉着李东宝出门，到了门口又回过头叮嘱："<u>一切等我回来决定！</u>"

说完二人出门口。（王朔《懵然无知》）

（15）中的人物的地位是同等的，划了下线的请求言语行为用的都是直接形式。虽然这么说可以体现出说话人于德利"我走南闯北过来的，专讧骗子"的权威意识，但是这些请求行为对听话人来说多多少少会带来心理上的反感。尽管如此，这样的说法仍然符合我们的语感，并不像 Leech 所说，需要用间接形式。

（16）　"牛大姐我可不记得你说过不能办，"李东宝问于、戈："她说过么？"

戈玲摇头："没有，我记得她当时答应得挺痛快的。"

"就是。于德利也说，对刚才写讲演稿的劲头摆在那儿呢。"

"你……你们怎么——唉！"牛大姐颓然垂头。

李东宝："你真的没说过不能办，你就承认了吧，没人怪你。"

"我总是说过吧？"刘书友道，"别让人骗了，要慎重，等老陈回来再决定。"

"你也没说过，你是极力赞成的。"于德利道。（王朔《懵然无知》）

（16）让人承认自己的错误当然对其本人来说是不愿意的，但是我们并不对

这种场合下的直接形式感到不得体。

（17）　　戈玲："老于就别去了。现在他们情绪处于激动状态，也许话里带刺儿，老于脾气冲，弄不好会吵起来。东宝受点气倒是家常便饭。"

"他脾气不比我好多少。"于德利道，"不至于，他们干嘛非跟咱们过不去？不了解情况可能有些冲动，了解了情况肯定就不会那样了。换我们也不会那么得理不让人。"（王朔《懵然无知》）

（17）从于德利的回话我们就可以判断出"老于就别去了"的请求对他来说是极不愿意的，是对他不利的请求。

综观上述语例我们可以说，在实际的言语交流中，汉语的情况并不和 Leech 分析的英语完全一样。因此上述暂定规则需要作如下修正。

　　修正规则1：如果关系亲近，请求内容既使对说话人有利，也用直接形式。如果关系疏远，请求内容对说话人有利，用间接形式。
　　修正规则2：如果请求内容对听话人有利，用直接形式。

4. 断片和整体

我们把构成一整个事态的各个零细行为称为断片行为。比如在厨房，掌勺的要求打下手的递酱油打鸡蛋时，递酱油打鸡蛋的行为只是组成整个烹调事态的断片部分。我们将一个可以构成一整个事态的行为称为整体行为，比如在街上请求别人告诉自己该怎么走便是整体行为。

（18）　　一群人返身下楼，何必跟着牛大姐道："牛老师，回头有些合同、通知什么的你们还得给盖个章。"

牛大姐头也不回地说："可以可以，<u>回头你或者派人把需要盖章的和合同什么的拿到编辑部去</u>，我给你盖就是了。"

"别忙走，"何必站住叫一个剧组的小伙子："你搬几箱汽水可乐什么的给他们带走。"

"不用了，您太客气了。"牛大姐道。（王朔《懵然无知》）

（18）中何必的话是谈完合作项目准备分手时，对先前谈判的补充，这个补充和先前的谈判组成一个完整的谈判事态，而随后的牛大姐的回话也是对何必的话的补充。这些话都不是独立存在的，而是一个整体的断片部分。

（19）　"你住在这舱吗？"

我点点头。

"<u>换一下好吗？我们俩想住在一起</u>。"

我这才发现这样的双人舱室，陌生的青年男女住在一起实在不方便。

"你的舱在哪儿？"我提起扔在床下的手提袋。

"旁边一间。谢谢你。"（王朔『一半是火焰 一半是海水』）

（19）的换铺席是一个独立的行为，并不和其他什么行为构成更大的事态，是整体行为。

我们在区分了整体行为和断片行为之后便可对汉语中许多违反上述修正规则的语例做出解释。比如以下的例子中都是关系比较疏远，但是请求内容都是对说话人有利的，而这些语例都是用了直接形式的。

（20）　李东宝说："到那天我们还准备给大人放假，他们回去和自己家的小朋友联欢。年轻的，家里没小朋友的，统统到孤儿院讲故事……"

何必使劲摇头，眼镜差点晃下来："不行！这都不够！多数

小朋友还是感受不到咱们的温暖。"

"那你说怎么办？你儿童节打算干嘛？"戈玲有些不耐烦了，"这也轻了，那也不行，<u>你倒是把行的说出来让我们听听！</u>"

"办晚会！"何必憋宝似地憋出这三个字，一脸得意。（王朔《懵然无知》）

（21）　里间门"咣"地被推开，何必气冲冲地冲出来。脸红脖子粗地大声和喝问：

"你们怎么进来的，谁让你们进来的？"

李东宝回答："门开着，我们就进来了。"

何必指着门外："请你们出去，立即出去！今天我不跟你们谈。"

李东宝："<u>消消气</u>，老何，<u>谈谈嘛</u>，关于你指控我们侵权的事有些情况您还不太了解，有必要……"

何必一挥手："我不听！事情已经很清楚了，没有什么好说的。"

戈玲："何必呢，老何，听听情况有什么不好，这也有利于你更好地解决问题。"（王朔《懵然无知》）

（22）　众人去了里屋，何必余怒未消地坐在自己桌前，拿起一张纸晃动："这是我正在起草的严正声明，要不要给你们念念？"

"<u>不忙念</u>。"牛大姐谢了让她坐下的女同志，对何必说："<u>要知道</u>，用你们名义拉晚会赞助的那些人不是我们《人间指南》的……"（王朔《懵然无知》）

（20）虽然戈玲有些不耐烦，但是对方毕竟是比较成功的同行，且是首次见面，依一般常识来说"你倒是把行的说出来让我们听听！"不免有些不礼貌。（21）李冬宝实际上是比较低姿态地希望和何必展开谈话，但是他却用了"消消气"这一直接形式。至于（22）的情形也是同样的。

对此，我们可以做这样的解释：虽然是对关系生疏的人作请求，而且是请求对方做对说话人有利的事，不过因为是断片行为，就没有必要使用间接形式来确保语言形式上的礼貌。理由有两个，其一，断片行为只是构成整个事态的一部分，而整个事态礼貌与否已经通过整个事态的大环境决定了的；其二，当进入一个事态之后，说话人和听话人就成为完成整个事态的协助者，就是说没有必要再为听话人能否给予协助完成请求内容担心而作一些预防不测的工作，诸如使用间接形式等等。

5. 化石型请求言语行为

以下的请求言语行为的语例都是直接形式。这些直接形式在任何场合下不能改换成间接的形式。

（23）　"嘿，嘿，<u>你瞧</u>，那是焦能。"李东宝一脸兴奋。（王朔《懵然无知》）

（24）　"<u>那你说怎么办</u>？你儿童节打算干嘛？"戈玲有些不耐烦了，"这也轻了，那也不行，你倒是<u>把行的说出来让我们听听</u>！"（王朔《懵然无知》）

（25）　李东宝忙问："费用你们全包了？"
　　　　"还是年轻呵你们。"何必一副前辈的语气，笑问："你什么时候听说过文化人自个掏腰包办文化上的事？都是掏别人的口袋，有的是乐于附庸风雅的人，实话告诉你，晚会的赞助我们已经全落实了，现在只要你们一句话，愿意不愿意参加进来。"
　　　　"<u>你说呢</u>，"东宝看戈玲。（王朔《懵然无知》）

（26）　"让他们一定要把钱汇入咱们帐号，由咱们管理开支。"刘书友提醒。
　　　　"<u>你瞧你瞧</u>，这会儿又惦记着占人家便宜了。"于德利指着他说。（王朔《懵然无知》）

（27）　　他走到一边掀起一个黑布罩："你们看。"
　　　　大家围上去看，桌子上搁着一个用木板、木棍、萤光纸和小手电绑粘的舞台模型。（王朔《懵然无知》）

上面这些语例中的请求言语行为，如果从提请听话人注意或者征求听话人的意见的角度来看，对听话人来说是一种有利的行为，如果从使听话人伤神费心的角度来看是对听话人不利的行为。这些语例中的"你瞧""你说""你们看"无法换说成"你瞧，好吗？""你说，好吗？""你们看，好吗？"。后者是其他的意思。我们可以说这些说法已基本固定，成了一种惯用的化石型的形式。

　　如果把第四节和第五节的所谈的汉语言语行为形式的使用信息也写进修正规则，那我们可以得到以下比较完整的规则。

比较完整的规则
　　1：请求言语行为，除2的场合外，都用直接形式。
　　2：谈话双方关系疏远，而请求内容对说话人有利并构成整体行为，用间接形式。

　　这就是说，我们只是在谈话双方关系比较远，请求内容对说话人有利并且构成整体行为的时候，才用"～，好吗？""能不能～？"等间接形式。（10）（11）（12）（13）的形式都具有并符合这种使用条件，都很恰当。而（8）和（9）我们说过如果不考虑汉语的特殊情况，单是从形式来看，（9）要比（8）恰当，有礼貌。但是通过以上分析我们可以说，（8）（9）都是很合适的用法。因为（8）中的李缅宁和肖科平不是一般关系，肖科平的"把我那件衬衣扔过来。"的直接表达形式符合汉语请求言语行为表达形式的语用规则。

6. "～，好吗？"的内在意义

铃木1997提出了三个在日语里避免侵犯听话人的准则：1）不谈论和不询问听话人的欲求和意愿，可以通过谈论其行为去隐涉其欲求和意愿；2）通过谈论说话人自己的行为去隐涉听话人的欲求和意愿；3）通过其他中立的话题或说话方式去隐涉听话人的欲求和意愿。比如想问一个需要用客气委婉的语气说话的人要不要喝咖啡，根据上述准则，不能说，"コーヒー、飲みたいですか（您想喝咖啡吗？）"，这样有失礼节。要说成："コーヒー、飲みますか（您喝咖啡吗？）"（准则1），"コーヒーでも持ってきましょうか（我给您把咖啡拿来吧）"（准则2），"コーヒーが入りました（咖啡来了）"（准则3）。

我们无法设想，在汉语里对一个长者在没有前提的情况下，说"我给您把咖啡拿来吧"或者是"咖啡来了""茶来了"。起码要说"您喝咖啡吗？""您喝茶吗？"。这样的说法和铃木1997提出的准则1在形式上一致，但是在汉语里决非是为了避免涉及听话人的欲求和意愿。在汉语里，我们也可以说"您想喝咖啡吗？""您想来点啤酒吗？"，作为一种询问，这是很客气和尊敬对方的说法。汉语的情况和铃木1997分析的日语的现象恰恰相反。这也证明了我们在上小节提出的汉语请求言语行为表达形式的语用规则：一般用直接形式。在汉语里，直接形式表示请求在一般情况下是得体的。

那么，用于谈话双方关系疏远，而请求内容对说话人有利并构成整体行为的间接形式有什么内在意义呢？通过大量的语料分析，我们发现，间接形式都有一个"恳求"的语气在内。(5)的"你给我看一下水开了没有，好吗？"之所以不自然是因为好朋友之间没有必要用"恳求"来请对方看看水开了没有。而（19）换铺位不仅麻烦，而且是突然地有求于素不相识的人，所以需要用"换一下好吗？"来"恳求"。我们可以说，汉语的间接形式是通过"恳求"的语气来低姿态地表示客气的，这便是汉语表示客气委婉语气的机制。

需要低姿态表示"恳求"行为并不局限于谈话双方关系疏远而请求内容对说话人有利并构成整体行为，夫妇之间，好朋友之间都有可能需要通过"恳求"来使对方完成某个行为，如（28）

（28）你别再说了，好吗？

因此，我们还需要将汉语的请求语用规则作修正：

汉语请求言语行为表达形式的语用规则
1：请求言语行为，除2和3的场合外，都用直接形式。
2：谈话双方关系疏远，而请求内容对说话人有利并构成整体行为，用间接形式。
3：不管关系如何，需要低姿态恳求对方做某事时，用间接形式。

7. 结论

通过分析具体会话中的间接形式的合适与否的条件，我们指出，Leech 1983所指出的现象在汉语中只存在于谈话双方关系疏远，而请求内容对说话人有利并构成整体行为的场合，其他一般都用直接形式。因而汉语的直接形式未必都是不礼貌不得体的体现，有许多是遵循着汉语请求言语行为表达形式的使用规则的结果。

为什么汉语的情形和英语、日语不同，这里有文化的因素。此外谈话双方关系的亲疏，是一个绝对的概念还是一个相对的概念，这在汉文化中有什么特点，这些问题都十分重要，我们将留待别的机会专门讨论。

注
1) 本文是在張勤2001年的基础上，扩展而成的。本文的初稿，曾在第九届全国语用学会（上海，2005年7月）上发表，得到了不少与会者的启发和指教。

参考文献

Leech, G. N.(1983), *Principles of Pragmatics,* New York : Longman Group Limited.
Brown, P. Levinson, S.(1987), *Politeness: Some Universals in Language Usage.* Cambridge: Cambridge University Press.
鈴木睦,(1997),日本語教育における丁寧体世界と普通体世界,田窪行則編『視点と言語行動』,東京:くろしお出版。
張勤,(1999),『比較言語行為論-日本語と中国語を中心に』,東京:好文出版。
張勤,(2001),什麼時候用"你饒我這一遭,好嗎?"―現代漢語請求言語行爲的得體規―,《中国学論集――海・太田両教授退休記念》,名古屋:翠書房。

日中対照研究の可能性

— 加熱動作を表す語彙を例に —

酒井　恵美子

1. はじめに

　従来対照研究では当該の2言語の共通語ないしはそれにあたるものを取り上げ比較することが多く、方言を取り上げ、それぞれの言語の方言間で比較を行うことはあまりなかった。だが、形式の面でも意味の面でも方言間の差異の大きいことは中国語でも日本語でも周知の事実である。

　日本語では支持動詞群は形式面でも意味面でも方言間の差異が大きく、方言間の比較を行った研究も多い意味分野である[1]。対象を支持する動作のうち肩を使い対象を支持する場合、東京方言ではカツグが使われる。荷物の位置（例えば荷物の位置が肩より上、あるいは下）や荷物の形状、道具の使用、支持をする人の数にも関係なくカツグが使用される。

　一方、北京方言では肩を使用する場合、扛が用いられるが、天秤棒を使用する場合は挑あるいは担を使用しなければならない。また人数が多くなった場合には抬を使用することもできる。

　ソウル方言では肩を使用する支持動作には 메다 が使用される。東京方言と同じく荷物の位置や荷物の形状、道具の使用、支持をする人の数にも関係なく用いることができる。仮に東京方言と北京方言とソウル方言のすがたをそれぞれの言語の共通語と同じだと考え[2]、この三者を比較した場合、日本語は韓国語と似ており、中国語とは似ていないということになる。

ところが、実際には日本語の中には北京方言と同じような語の使い分けがある地域があるのである。例えば、松山方言では肩を使用した場合カツグが使用されるが、肩を使っていても天秤棒を使用した場合はニナウを使用しなければならない。また、人数が一人以上であった場合は、カクを使用できる[3]。

支持動詞の対照研究をその共通語のみで行った場合、本当に真の対照研究といえるのであろうか。方言間の比較を行うことなく、共通語のみの比較でいいのであろうか。

橋本萬太郎は『言語類型地理論』(1978)においてコミュニケーションが不可能な程差異のある言語間であっても音声・文法・語彙などに地理的な分布があることを指摘した。例えば、声門閉鎖音は言語の如何をとわず、東南アジアから沖縄まで連綿と続いている。人々が自己との差異に気づきにくい音声でなぜコミュニケーションも不可能なほどに隔たりのある言語がこのように類似するのか、その原因については詳らかではないが、言語の枠を取り払い地理的な分布を見た場合、そこに文化や社会のあり方を反映した言語事象の分布が現れるのではないだろうか。

本稿ではそのような観点から加熱動作を表す動詞群を例に日本語と中国語の各方言の意味的な側面から見た語彙構造の比較を試み、その分析を通じて新たな対照研究の可能性を探りたい。

2. 分析の方法

語彙の構造を手がかりに言語使用者たちの対象認識のありかたを探る試みは親族関係語彙や色彩関係語彙をはじめとして数多くあるが、方法論的にはまだ多くの問題が残されている。そのうちもっとも大きな問題点のひとつは交差分類(cross-classification)と呼ばれるものの存在である。

２つの語について語とその語が指し示す対象との関係を考えた場合、理論的にはそれは３つに分類される。一つは分離型で対象を一切共有し

ないタイプである。例えば、共通語でヤマとカワとよばれるもののように指し示す対象はかけはなれているような場合である。二つ目は包摂型と呼ばれるもので、いわゆる上位概念語と下位概念語がこれに当たる。ドーブツとイヌのようなものを考えればよい。最後が交差分類をなすものである。この交差型の分類は異なる語の指示対象の一部が共有されるような場合で、類義語などはその典型である。動植物の科学分類は分離型と包摂型のみで交差型は存在しない。言い方をかえれば、自然言語に特有の分類とも言えよう。

　さて、語の意味を他の語と対立する弁別的特徴として記述しようとする場合、このような交差型では指示する対象の一部を共有しているのであるから、これらの関係にある語の場合、弁別的特徴は存在しない。その意味ではいわゆる上位概念－下位概念の関係とされるようなものにも同様の問題がある。

　この問題にもっとも積極的に取り組んでいるのは野林正路の構成意味論である[4]。

　野林の分析方法は次のようなものである。まずα、βという2語について考えるとその2語の表す対象の概念図は次のようになる。鎖線で表された範囲はαという語が表す対象の範囲を表し、実線で表された範囲はβという語の表す対象の範囲を表す。2つの語の表す対象は4つの部分に分けられ、その対応する意味上の単位を最小統合枠とすると、この場合最小統合枠はA，B，C，Dとなる。4つの最小統合枠と語との関係は次の通りである。

[図表1]

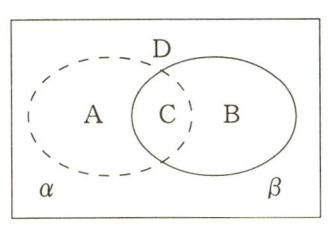

A：αとのみ言表される対象群
C：α、βと言表される対象群
B：βとのみ言表される対象群
D：αともβとも言表されない対象群
但し、集合B、Cは存在しない場合もある。

この2語と4つの意味枠は次のように意味分析することができる。

[図表2]

```
A  ⁺α-⁻β  [+S] [-M]
C  ⁺α-⁺β  [+S] [+M]     ⎧ α, βは語形    ⎫
B  ⁻α-⁺β  [-S] [+M]     ⎩ S, Mは意味特徴 ⎭
D  ⁻α-⁻β  [-S] [-M]
```

⁺αはαという語形を使用する、[+S]はSという意味特徴を有するという意である。つまりAという集合はαという語で示されるが、βという語では示されることがなく、その集合の個々の対象はすべてSという特徴を持つが、Mという特徴は持たないということになる。

この分析方法を使ってもし、このαとβを後で述べる東京方言のニル、タクを分析すると次のように説明できるだろう。

東京のニルとタクが表す動作は次のようなものである。(番号は図表4の番号に同じ)

タク ④ご飯(炊き込みご飯)を電気釜で〜
　　　⑤冷飯から粥を〜
　　　⑥米から粥を〜
ニル ⑤冷飯から粥を〜
　　　⑥米から粥を〜
　　　⑦肉の塊(豆・・)を味付けし、鍋で汁が少なくなるまで時間をかけて〜
　　　⑧大きめの何種類かの材料をたっぷりの汁で時間をかけて〜
　　　⑨魚(肉・・)を少量の汁で味付けし、汁がなくなるまで蓋をしないでやや時間をかけて〜
　　　⑩肉を味付けし蓋をしないでやや時間をかけて〜
　　　⑪野菜や肉を少量の汁で味付けし、汁がなくなるまで蓋をしてや

や時間をかけて～
⑫細かく切った野菜や肉などをたっぷりの汁で～

このそれぞれの動作を概念図で表すと図表3のようになる。
［図表3］

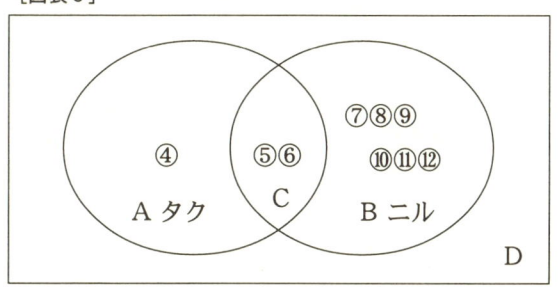

```
┌─────────────────────────────────┐
│      ╭─────╮╭─────╮             │
│      │     ││ ⑦⑧⑨ │             │
│      │  ④ ││⑤⑥  │             │
│      │     ││ ⑩⑪⑫ │             │
│      │ Aタク │ C │ Bニル │       │
│      ╰─────╯╰─────╯             │
│                              D  │
└─────────────────────────────────┘
```

　タクとニルは交差分類をなし、⑤⑥の動作はニルともタクとも言い表すことができる。この場合、Dにあたるのは茶碗蒸しを作るときのような動作やゆで卵を作るときのような加熱動作や煎じ薬を作るときのような加熱動作などである。どちらもニルともタクとも言い表すことができない。
　タクと言い表すことのできる④⑤⑥は水分を媒体とした加熱動作であるが、どれも材料が米であるという共通点がある。ニルと言い表すことのできる⑤⑥⑦⑧⑨⑩⑪⑫は水分を加え、それを媒体として加熱し、調理後になんらかの水分が残っている場合である。粥に使用できて、ご飯には使用できないのはニルが調理後何らか水分を残したような状態でなければならないからである。そして、その水分は加熱した固形物と分離されることなく食される。ゆで卵が水分と分離されて卵のみが食べられることと比較するとよくわかる。また、タクはユデルと比較されて味をつけることだということも言えそうだが、ジャガイモの塩ゆでのようにユデル動作には味を付ける場合もあるので一概には言えない。
　さて、上記の二つの特徴をそれぞれ［加熱媒体：水・材料：米］［加熱

媒体：水・調理後水分あり]のように簡略化して表記し、先の図表2で示したように表示すると次のようになる。

A⁺タクー⁻ニル　［＋加熱媒体：水・材料：米］［－加熱媒体：水・調理後水分あり］④
C⁻タクー⁺ニル　［＋加熱媒体：水・材料：米］［＋加熱媒体：水・調理後水分あり］⑤⑥
B⁻タクー⁻ニル　［－加熱媒体：水・材料：米］［＋加熱媒体：水・調理後水分あり］⑦⑧⑨⑩⑪⑫
D⁻タクー⁻ニル　［－加熱媒体：水・材料：米］［－加熱媒体：水・調理後水分あり］

　これらのうち、［＋材料・米］はタクの、［＋水分の非分離］とニルの固有の意味特徴（語義）である。このように分析すれば、どの単位も2個の弁別的特徴の組み合わせとして記述することができる。
　以下、本稿の分析では以上のような野林の分析方法を用い、最小統合枠を意味の最小の単位として分析を行いたいと思う。

3.　各地の加熱動詞の部分体系

　対象としたのは加熱動詞の中でも水と水蒸気を媒体としての加熱動作である。日本語ではムス・ニル・タクなどにあたる。詳細は図表4に示した動作である。これを表現する動詞を各言語で調査した。中国語では北方方言の一つである西安市と粤方言の南寧市、台北市の閩南方言を、日本語では東日本方言の東京都文京区と西日本方言の徳島方言をとりあげた。共に40歳代50歳代の女性が話者である。主な動作の調査結果を図表4に示す。ここではニコムなどの複合語は除いた。

[図表4]

西安	台北	南寧		加熱動作	徳島	東京
燜		焗	1 ①	ご飯が炊きあがった後弱火にしてしばらく〜	ムラス	ムラス
			2	ご飯が炊きあがった後火をとめてからしばらく〜		
蒸	蒸	蒸	3	冷飯を温めるために蒸し器で〜		フカス
			4	甘藷を蒸し器で〜		
			5 ②	冷飯(芋・万頭・・)を蒸し器で〜	ムス	
			6	シュウマイ・餃子を蒸し器で〜		ムス
		炖	7 ③	茶碗蒸しを蒸し器で〜		
			8 ③	魚や肉を蒸し器で〜		
燜	燜	煮	9 ④	ご飯(米飯・麦飯)を釜(鍋・・)で〜		タク
			10	具入りうるち米を味付けして〜		
熬 烩	炊		11 ⑤	冷飯から粥を〜		
熬			12	冷飯から野菜入り味付け雑炊を〜		
			13	米から野菜入り味付け雑炊を〜		
炖	炖	煲	14 ⑥	米から粥を〜		
			15 ⑦	豚肉の塊を醤油と砂糖で味付けして汁がなくなるまで長い時間弱火で〜		
			16	干し豆を蓋をしないで柔らかくなるまで味付けして〜	タク	ニル
			17	果物を水分を余り加えず弱火で長時間〜		
烩		SEP	18 ⑧	大きめの野菜や練り製品を味付けしたたっぷりの汁で長時間〜		
炖	炖	炖	19 ⑨	魚(タイ・アジ・イカ・エビ・・)を少量の汁で味をつけて、15分くらい蓋をしないで〜		
燜 烩	燜	煮 燜	20	牛肉の薄切りを少量の汁で味付けし、蓋をして〜		
			21 ⑪	適当な大きさに切った野菜や肉を味付けし少量の汁で蓋をして汁がなくなるまで鍋で〜		
			22 ⑩	野菜や肉を少量の汁で味付けし、蓋をして汁がなくなるまで〜		
煮			23 ⑫	細かく切った野菜や肉をたっぷりの汁で〜		
	煮		24 ⑬	箸でつまんだ薄切肉を沸騰している湯で〜		
			25	鶏肉を沸騰している湯の中でさっと〜		
			26	海老やたこを箸で時々混ぜながら沸騰している湯の中で〜		
		LOK	27	春雨を沸騰した湯の中で〜		
			28	蒸した麺をざるの中に入れて短時間〜	イガク	ユガク
			29 ⑭	ほうれん草を沸騰している湯の中で短時間〜		
			30 ⑭	ワラビやゼンマイを沸騰した湯の中で〜		
			31 ⑭	一枚一枚はずした白菜を沸騰した湯の中で〜		
			32	できあがったスープの中にほうれん草を入れて短時間〜		
		煮	33 ⑮	鶏肉を沸騰している湯の中で中に火が通るまで〜		
			34	卵を殻付のままで半熟に〜		
			35	乾麺を沸騰している湯の中で〜	イデル	ユデル
			36	厚めに切った大根を味付けせずにたっぷりの湯で蓋をして柔らかくなるまで〜		
			37	ジャガイモを味付けせずに柔らかくなるまで〜		
		煲 SEP	38 ⑯	タケノコを味付けせずに柔らかくなるまで〜		ユガク
			39 ⑰	豚肉の塊を味を付けないで〜		
			40 ⑱	だしを取るために豚や鶏の骨を〜		
熬 煎			41 ⑲	薬草を沸騰した湯の中で長時間〜	センジル	センジル
			42 ⑳	薬草を沸騰した湯の中で短時間〜		
煮 熬		煮 熬	43	消毒のためにほ乳瓶・食器・布巾を〜		
			44 ㉑	牛乳を適当な温度に〜	ヌクメル	アタタメル

※ ▓ はNR

4. 調査結果

以下の各地の分析を行う。分析には東京方言のアタタメルや南寧方言の焗のようにこれらの項目から大きくはずれる語は除いた。該当の語は次の通りである。

 東京方言 ムス・フカス・タク・ニル・ユガク・ユデル・センジル 7語
 徳島方言 ムス・タク・イガク・イデル・センジル 5語
 西安方言 燜・蒸・煮・烩・炖・熬・煎 7語
 台北方言 蒸・燜・炊・炖・煮 5語
 南寧方言 蒸・炖・煮・燜・煲・SEP・LOK[5] 7語

次に示すのは、図表4から必要最小限の項目を抽出したものである。該当する動作は図表中に丸数字で示してある。分析には煩雑さを避けるため、これらの項目を使用する。

① ご飯が炊きあがった後弱火にしてしばらく〜
② 冷飯（芋・万頭・・）を蒸し器で〜
③ 魚や肉を蒸し器で〜
④ ご飯（米飯・麦飯）を釜（鍋・・）で〜
⑤ 冷飯から粥を〜
⑥ 米から粥を〜
⑦ 豚肉の塊を醤油と砂糖で味付けして汁がなくなるまで長い時間弱火で〜
⑧ 大きめの野菜や練り製品を味付けしたたっぷりの汁で長時間〜
⑨ 魚（タイ・アジ・イカ・エビ・・）を少量の汁で味をつけて、15分くらい〜
⑩ 野菜や肉を少量の汁で味付けし、蓋をしないで汁がなくなるまで〜
⑪ 野菜や肉を味付けし少量の汁で蓋をして汁が少なくなるまで鍋で〜

⑫ 細かく切った野菜や肉をたっぷりの汁で〜
⑬ 箸でつまんだ薄切肉を沸騰している湯で〜
⑭ ほうれん草を沸騰した湯の中で短時間〜
⑮ 鶏肉を沸騰している湯の中で中に火が通るまで〜
⑯ タケノコを味付けせずに柔らかくなるまで〜
⑰ 豚肉の塊を味を付けないで〜
⑱ だしを取るために豚や鶏の骨を〜
⑲ 薬草を沸騰した湯の中で長時間〜
⑳ 薬草を沸騰した湯の中で短時間〜
㉑ 牛乳を適当な温度に〜

4.1. 日本語

4.1.1. 東京方言

まず、それぞれの語とその語が表す動作との関係を明らかにするために概念図で表示する。

[図表5] 概念図

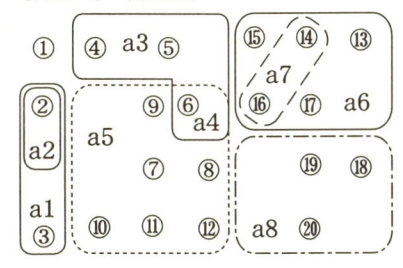

次に最小統合枠を分析し、次のように表示し、それぞれa1〜a8までの記号で表す。

分節型	③／②／④⑤／⑥／⑦⑧⑨⑩⑪⑫／⑬⑮⑰／⑭⑯／⑲⑳
	a1　a2　a3　a4　　　a5　　　a6　　a7　　a8

図表6はその意味分析である。表下に意味特徴について説明した。

[図表6]

	a1	a2	a3	a4	a5	a6	a7	a8
加熱媒体・水蒸気	+	+	−	−	−	−	−	−
加熱媒体・水	−	−	+	+	+	+	+	+
材料・澱粉質	−	+						
水分と材料の分離			−	−	−	+	+	+
調理後水分も食べる			+	+	+	−	−	+
材料・米			+	+	−			−
調理後水分あり			−	+	+	−	−	
材料・アクあり						−	+	
目的・薬成分抽出	−	−	−	−	−	−	−	+

※ 空欄は非関与的特徴

[材料・澱粉質] 材料がご飯や芋、万頭のような澱粉質が主体の食品であること。
[水分と材料の分離] 加熱媒体である水分と材料を分離すること。水分を食べるか、材料を食べるかは問わない。
[調理後水分を食べる]：加熱媒体である水分を食べること。材料を食べるかは問わない。
[調理後水分あり]：調理後水分がわずかでも残っている状態。

以下、東京方言にならって分節型、概念図、意味分析表を示す。意味分析に使用した特徴はそれぞれ図表の下に示す。

4.1.2. 徳島方言

分節型	②③／④⑤⑥⑦⑧⑨⑩⑪⑫／⑬⑭／⑮⑯⑰／⑲⑳
	b1　　　　b2　　　　　　b3　　b4　　b5

[図表7]　概念図

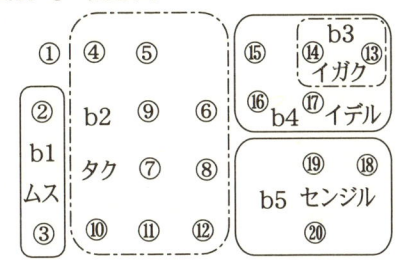

①　④　⑤　　　⑮　b3
　　　　　　　　　　⑭　⑬
②　b2　⑨　⑥　　　イガク
　　　　　　　　⑯　⑰
b1　タク　⑦　⑧　　b4　イデル
ムス
③　　⑩　⑪　⑫　　⑲　⑱
　　　　　　　　　b5　センジル
　　　　　　　　　　⑳

[図表8]

	b1	b2	b3	b4	b5
加熱媒体・水蒸気	＋	－	－	－	－
加熱媒体・水	－	＋	＋	＋	＋
水分と材料の分離	－	－	＋	＋	－
調理後水分も食べる		＋	－	－	＋
加熱時間・極短			＋	－	
目的・薬成分抽出		－	－	－	＋

※ 空欄は非関与的特徴

[加熱時間・極短] 加熱時間が極めて短いという特徴。時間的には数十秒から数分くらいとはばがあるが、意識としては調理者が「炉前から離れることなく瞬時に」というように意識されている。

4.2. 中国語

4.2.1. 西安方言

分節型　②③／①④／⑩⑪／⑦⑨／⑧⑫／⑬⑭⑮⑯㉑／⑩／⑤⑥⑰⑱／⑲⑳
　　　　c1　c2　c3　c4　c5　　c6　　　c7　　c8　　c9

[図表9] 概念図

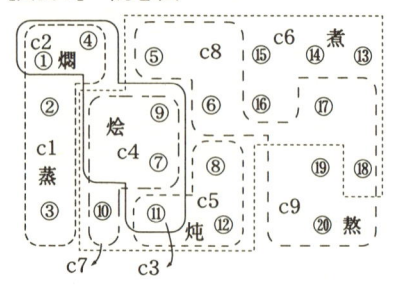

[図表10]

	c1	c2	c3	c4	c5	c6	c7	c8	c9
加熱後水分無し	＋	＋	－	－	－	－	－	－	－
材料に水分を加え加熱	－	＋	＋	＋	＋	＋	＋	＋	＋
加熱媒体・水	－		＋	＋	＋	＋	＋	＋	＋
水分がなくなるまで加熱		＋	＋	＋	－	－	－	－	－
材料・多種			＋	－	＋				
材料・一種				－	＋	－		＋	
様態・成分の流出			－	－	－	－	－	＋	＋
主に材料を食べる			＋	＋	＋	＋	＋	－	－

※ 空欄は非関与的特徴

[加熱後水分無し] 材料が媒体を吸収するなどし、水分が全くないこと。
[水分がなくなるまで加熱] 水分を加え、それを媒体として加熱し、その媒体がなくなるまで加熱すること。
[様態・成分の流出] 粥などのように材料の一部が水分のなかにとけでたり、だしを取る場合のように成分の抽出を目的としたりする場合。

4.2.2. 南寧方言

分節型	②／③／④⑤⑨⑫⑮⑳㉑／⑩⑪／⑥⑦⑧⑯⑰／⑱⑲／⑬⑭
	d1　d2　　d3　　　　d4　　　d5　　　d6　d7

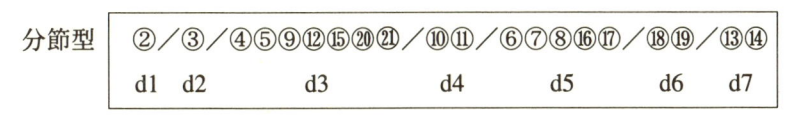

[図表11]　概念図

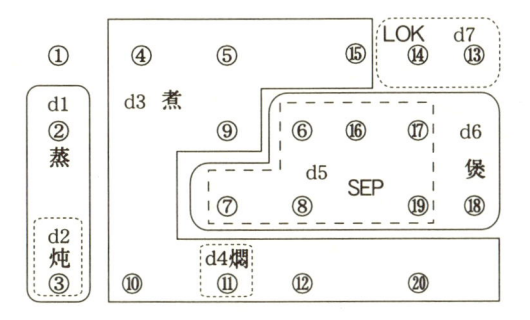

[図表12]

	d1	d2	d3	d4	d5	d6	d7
加熱媒体・水蒸気	＋	＋	－	－	－	－	－
加熱媒体・水	－	－	＋	＋	＋	＋	＋
材料・非澱粉質	－	＋					
加熱時間・長			－	－	＋	＋	－
加熱時間・短			＋	＋	－	－	－
加熱時間・極短			－	－	－	－	＋
様態・蓋の使用			－	＋			
様態・成分の流出					＋	－	

4.2.3. 台北方言

分節型　①②③／④／⑤⑥／⑩／⑦⑨／⑪／⑧⑫⑬⑭⑮⑯⑰⑲⑳㉑
　　　　e1　　　e2　　e3　　e4　　e5　　e6　　　　　　e7

[図表13] 概念図

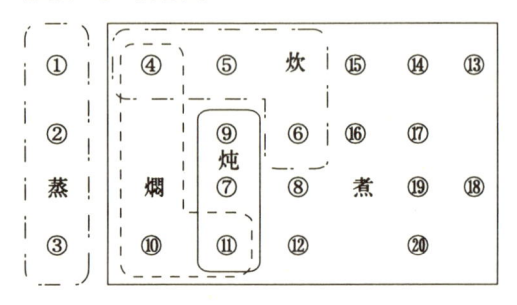

[図表14]

	e1	e2	e3	e4	e5	e6	e7
加熱媒体・水蒸気	+	−	−	−	−	−	−
加熱媒体・水	−	+	+	+	+	+	+
材料・米		+	+	−	−	−	−
様態・蓋の使用		+	−	+	−	+	−
加熱時間やや長・水分がなくなるまで加熱	−	−	−	+	+	−	

[加熱時間やや長・水分がなくなるまで加熱] 加熱時間がやや長く10分以上で水分がほとんどなくなるまで加熱すること。炖はその特徴を語義的な特徴としている。ただ、台北市の他の閩南語話者は「炖鶏蛋（卵をゆでる）」のように味を付けずに加熱する動作にも使用するとしている。個人差があるようである。

5. 各地点の比較

以上、各地点の部分体系について示した。次に各地点の比較を行う。比較には使用される語数、分節型、意味特徴に着目して行うことにする。

5.1. 語数と分節型

[図表 15]

	語数	最小分節枠数	最小分節枠数／語数	交差型数
東京方言	7語	8	1.142	2
徳島方言	5語	5	1	0
西安方言	7語	9	1.286	6
台北方言	5語	7	1.4	4
南寧方言	7語	7	1	1

まず、語数と分節型である（図表 15 参照）。

語数がもっとも多いのは西安方言・南寧方言と東京方言でともに7語である。徳島と台北は5語である。語数が多い方が細かく対象を分節しようとしていると言えるだろうから、徳島と台北はもっとも粗いと言える。だが、最小分節枠の数で見てみると台北は7つの分節枠を持っているのに対し、徳島は5である。台北は語数は少ないが、分節の型自体はやや複雑である。

語彙が互いに関係し合ってどのくらいの最小分節枠を作るか、つまりそれは語の意味がどのくらい複雑に関係し合っているのかを表すことになろう。そこで、比較のためにこの複雑さを数値的にあらわすことを考えてみた。以下、単純ではあるが、次のような式でその値を比較することにする。

最小分節枠数／語数

この値が多ければ多いほど体系は複雑化する。動植物の科学的な分類

では交差型は存在しないので、この数値は1になるはずである。この値については**図表15**中に示した。

　これを見ると西安と台北はその値が高いことがわかる。同じ中国語でありながら南寧の数値は低くなっている。

　さらにこれら語相互の関係を分類型で見てみる。1で述べたように語とそれが指し示す対象の関係を2語間で考えた場合、分離型、包摂型、交差型が考えられる。特にここでは交差型がどれくらい出現するかに注目すると西安方言はもっとも多く、台北方言がその次である。つまり、語数が多くても東京方言は分節枠も交差分類も少ないのに対し、台北と西安は多いと言うことができる。反対に南寧と徳島は語数の割に分節枠も交差型も少なく、言語体系として安定した印象がある。

　このようなことがなぜおこるのか、興味深い問題であるが、さらに詳しく研究するためには、文化的な事象の検討が必要である。ここでは論を展開する材料をもたないので如何ともしがたいが、可能性としては次のようなものが挙げられよう。

1　他の地域から新しい対象が流入等により対象となる事物が変化している。
2　体系的に異なる言語からの影響を受ける等の理由により言語自体が変化している。
3　その言語の話者たちに交差型の分類への志向がある(進取の気に富むなど)。

5.2.　意味特徴の比較

　次に3で分析した意味特徴を比較し、話者たちの分類の着眼点についてみてみたい。比較するにあたり便宜的ではあるが、図表16のように意味特徴の分類を行った。

[図表16]

	東京方言	徳島方言	西安方言	南寧方言	台北方言
加熱媒体	**加熱媒体・水蒸気**	**加熱媒体・水蒸気**	加熱媒体・水	**加熱媒体・水蒸気**	**加熱媒体・水蒸気**
	加熱媒体・水	**加熱媒体・水**		**加熱媒体・水**	**加熱媒体・水**
材料	材料・澱粉質		材料・多種	材料・非澱粉質	材料・米
	材料・米		材料・一種		
	材料・アクあり				
加熱時間		加熱時間・極短		加熱時間・極短	
				加熱時間・短	
				加熱時間・長	
加熱の様態	目的・薬成分抽出	目的・薬成分抽出	様態・成分の流出	様態・成分の流出	
			水分がなくなるまで加熱	様態・蓋の使用	様態・蓋の使用
			材料に水分を加え加熱		
加熱後	調理後水分あり		加熱後水分無し		
	水分と材料の分離	水分と材料の分離			
可食部分	調理後水分も食べる	調理後水分も食べる	主に材料を食べる		
その他					加熱時間やや長・水分がなくなるまで加熱

※ 太字はすべての最小分節枠に関与的な特徴

　まず、関与性の強い特徴から見ていきたい。すべての最小分節枠に関与的な特徴は太字で記している。これを見ると西安方言以外にははっきりとした共通性がある。それは加熱媒体が水なのか、水蒸気なのかとい

う点に着眼点が見られることである。日本語で言えば〈蒸す〉動作と〈煮る・炊く〉動作を分ける特徴である。

　西安だけにこの特徴がないのはこの地域での米の炊き方に特徴があるからかもしれない。西安のこの話者は米は最初から鍋に入れて加熱するのではなく、一度煮た米を蒸すという方法が一般的であったとしている。このような米の加熱法については西安のみではなく、北京市の話者からも同じような情報を得ている。このような加熱法では〈蒸す〉動作と〈煮る・炊く〉動作の境界は不分明にされやすいだろう。もともとは粉食が主であった地域である。米食の地域とは着眼点が異なるのかもしれない。

　次にその他の特徴について見ていきたい。便宜的ではあるが、分類を施してみると材料については関心が高い。徳島以外は加熱される材料について着眼点がある。内容について見てみると西安市を除く地点で材料が米であること、あるいは澱粉質、非澱粉質であることに着目していることは興味深い。これらの農耕を主とする地域では米ないし澱粉質の食物は食生活を支える上で重要な物であったことが推測されるからである。また、西安での材料が一種なのか、多種なのかという着眼点は話者たちの食に対する一つの美意識のようなものを表している。これらの話者は一種のみの調理を行うことについて特別な価値観を持っており、「残り物で作ったのではない、ちゃんとした食物」であることを強調した。そこには日本のように多種の素材で彩りよく作ることをよしとする食文化との違いが表れている。

　加熱時間については徳島方言と南寧方言が着眼点としている。台北のその他に分類した［加熱時間やや長・水分がなくなるまで加熱］という特徴も時間について着眼していると言えるだろう。時間の長さについては主観的な尺度なので、比較はむつかしいが、徳島と南寧はやや短い時間の方に着目しているようである。

　加熱時の様態については内容物の抽出に関して薬成分に着目するのが、東京と徳島に見られる。薬の生成というのが、調理と異なり、特別な事

であると意識されているのだろうか。中国の方にはそのような意識がないようである。また、蓋を使用するかどうかという点に南寧と台北が着目している。対象動作中味を付けて調理をする汁物以外の料理では油で焼いた材料に少量の水を加えて加熱することが多いこの2地点で加熱中に蓋を使用するかどうかは多くの煮汁を加える日本の料理よりも重要な着眼点なのであろう。

日本ではその他に［水分と材料の分離］［調理後水分も食べる］という特徴が一致している。

以上意味特徴について見てきたが、全体的に見ると日本の2地点は共通性が高いが、中国語の3地点はかなり異なりが見られる。

6. おわりに

以上、加熱動作を表す動詞について日中比較を試みた。本研究はまだ地点数も少なく、話者の年齢が若いこともあり、まだ、端緒についたばかりである。だが、互いの共通語だけを比較しているのでは見えてこないものも見えてくる。語数と分節型の比較では対象の変化や多言語の接触が認識の複雑化をもたらすと考えるとうまく説明ができるように思われる。西安は長きにわたって様々な文化を受け入れてきたし、台北話者は北京語と閩南語の多言語生活者である。そのような観点からの調査は今後も継続したいと思う。また、意味特徴の比較ではこれらの地域の中で西安市が特殊であることがわかった。加熱媒体が何であるかということに余り注目していないからである。そのことからも言語差を超えて意味体系を比較する必要を強く感じる。

全般的に見て日本語は一致度が高く、中国語は地域差が大きいように思われる。だが、これは今回対象とした分野に限ることかもしれない。この点も含めて今後の検討課題としたい。

なお、本研究の端緒は梁慧とおこなった共同研究にある。その後長ら

く研究を発展することができなかったが、梁慧には中国語の分析で多くの示唆を得た。ここに深謝したい。

注
1) 本堂（1976）高橋（1977）川本（1981）参照。
2) 意味分析に使用する用例には詳細な情報が必要なために共通語・普通話のように母語話者の資格が規定できない場合、調査が困難である。ここでは東京方言、北京方言をその代表とした。
3) 東京方言にもカゴ°オ　カク（駕籠を舁く）用法のみ残っている。
4) 野林（1996）（1997）参照。
5) SEP・LOKは共に漢字では表記できない方言だという。音声は次の通りである。LOK：[lok]，SEP：[sep]

参考文献
野林正路（1996）『認識言語と意味の領野：構成意味論・語彙論の方法』名著出版
野林正路（1997）『語彙の網目と世界像の構成：構成意味論の方法』岩田書院
高橋顕志（1977）「四国諸方言における支持動詞カクについて―語彙による比較方言学の試み―」都大論究20
川本栄一郎（1981）「石川・富山両県における「かつぐ」の方言分布とその歴史」金沢大学教育学部紀要29
本堂寛（1976）「語の意味差と地理的分布―「かつぐ」をめぐって―」『佐藤喜代治教授退官記念国語学論集』武蔵野書院

明末清初の中国皇帝と
西洋宣教師

李　明

1.　明末来華耶蘇会宣教師の野望

　明代に中国に来た耶蘇会（イエズス会）の宣教師はみなポルトガルの船舶に搭乗し、その保護の下に目的地のインド・中国・日本に到達した。また、ポルトガル一国が中国との通商・貿易を独占していた。そのうえ、ポルトガルはローマ教会から極東の伝道を委託されていたことから、中国への伝道事業も独占することになった。要するに、伝道・通商方面から、極東、特に中国を自家の薬籠中に収めたいというのがポルトガルの野望であった。耶蘇会の青年宣教師たちは、献身的な布教活動を行ったが、彼らは何のために中国まで渡来してきたのであろうか。言うまでもなく、彼らの目的はキリストの教えを奉じて、中国人に福音を宣伝し、彼らをキリスト教に入信させて、いわゆる救霊の聖業を行うことにあった。キリスト教徒の目から見れば、中国人は憐れむべき異教徒であり偶像崇拝者だったのである。また、明末ごろヨーロッパでは新旧両教徒の争いが激化していたために、旧教徒は新教徒によって失われた勢力を東洋において回復しようとし、宗教上の新領土を拓かんとする野望を持っていた。

　たとえば、1596年（慶長元年）10月7日、サン・フェリー号というスペイン船が土佐の浦戸港に漂着した。それを知った豊臣秀吉は増田長盛を浦戸に派遣し、その積荷を点検させたが、その時スペイン船の水先案

内であったフランシス・デ・サンダは、増田に世界地図を広げてスペイン領土の広さを自慢した。増田がスペインが領土を拡大した方法を問うと、サンダは次のように述べたという。

　　わが国では先ず宣教師を派遣して、土人にキリシタン宗を伝道し、彼らを入信させます。そして新教徒が相当の数に達した時、軍隊を派遣して、その領土を攻めます。すると新教徒が内応しますから、その土地を容易く攻略することが出来ます。

このサンダの発言に象徴されるように、ポルトガル教団の宣教師もスペイン教団の宣教師も、みな祖国の侵略政策の手先であったと言っても過言ではない。

中国に最初に渡来した宣教師は、言うまでもなくフランシスコ・ザヴィエル（中国名・沙勿略）である。1541年にゴアから中国に向かったザヴィエルは、途中で日本の鹿児島に到り、日本各地に伝道し、51年に離日、52年にマカオ（澳門）に入ろうとした時、上川島で熱病に罹って死去した。ザヴィエルは結局中国伝道の意図を実現することが出来なかったのである。

これ以後、同派の宣教師が盛んに東洋に渡来したが、なかでも1582年（明・万暦8年）にマカオに来航したイタリア人のマテオ・リッチ（Matteo Ricci・利瑪竇）が最も有名であろう。彼は広東地方で布教すること20年に及び、その間初めは種々の圧迫を受けたが、性格は温和で、仏僧の服を身にまとって中国語を学び、中国名を使用したことのほかに、初めから直ちに伝教をしないで、その学ぶ所を人に示し、天文・地理・数学・物理学等をも伝授したため、次第に信用を博していった。1584年、肇慶において初めて万国地図を作製したことによって、頗る多くの人々から尊敬を受けるようになり、その後また僧衣を脱して儒服に替え、南京を経た後の1600年にはさらに北京に到って明の神宗に拝謁し、イエスの図像・十字架・世界全図・報時自鳴鐘（時計）を献上した。当時中国には日時計と水時計があっただけであったから、このゼンマイ（発条）仕掛

けの時計、いわゆる報時自鳴鐘が鳴るのを聞いた神宗は大変感心したという。その後、マテオ・リッチは頗る厚遇され、北京での布教の許可を獲得するに至った。教会の建立を許されて信者 200 名を得たが、その教会を天主教と言ったことから、以後同派を天主教と称するようになった。頻繁に参朝する間にリッチは、徐光啓、楊廷筠等の大官・学者等とも次第に交際を持つようになった。

　1604 年（万暦 32 年）6 月、徐光啓は礼部の試験に応じて 88 名の進士の一人となり、殿試三甲五十二名に列し（『明史』本伝）、翰林院庶吉士として上京した。ここで当時北京にいたマテオ・リッチと交わり、西洋の新学に触れる機会を得たのである。なお、1600 年マテオ・リッチとともに北京に入ったスペイン人ジェゴ・パントヤ（Diego Pantoja・龐迪我）、少し遅れて渡来したイタリア人ニコラオ・ロンゴバルチ（Nicollas Langbard・龍華民）、1622年に来たドイツ人アダム・シャール（Johann Adam Schall von Bell・湯若望）等は、宗教より天文・砲術等に関する学術をもって重んぜられた。

　徐光啓はマテオ・リッチから天主教の教義を授けられたほか、暦学・数学・水利・兵器など西洋の実用科学をも学び、1608 年上海の徐家匯に天主堂を建てた。28 年（崇禎元年）礼部左司郎、ついで尚書に進み、29 年には回回暦法を改正した。32 年に東閣大学士として国政に参与し、33 年に文淵閣大学士となったが、同年病死した。

　明末において、明朝は天主教の宣教師を用いて暦書の編纂や地図の測絵、大砲の鋳造等に従事せしめた。当時の宣教師・耶蘇会士は、中国の謂うところの「洋夷」であり、また邪宗門の伝道僧であった。それ故、中華思想と攘夷思想を奉ずる朝廷の宦官たちは、宣教師の科学的活動に対し悪意に満ちた中傷讒訴を行い、ついに朝廷中にあった大監魏忠賢・礼部侍郎沈潅・兵部尚書崔景栄・御史邱兆麟等によって徐光啓は弾劾されるに及んだ。時に遼東に蜂起した後金（即ちヌルハチ・努爾哈赤・清の太祖）軍の進犯を受けた明廷は、西洋の火砲と兵術を必要としたため、徐

光啓に復職を命じ、彼は西洋火砲の鋳造を開始した。そして、湯若望たちは見事に 40 斤砲 20 門を鋳造したのである。

　耶蘇会の宣教師たちの最も注目すべき業績として、天文・暦法・砲術・地理・数学等を挙げることが出来る。彼ら宣教師たちの編著した書籍には、次の如きものがある。

明末清初の耶蘇会士が伝えた西洋学術

中国名	字・号	国籍	生没年	在華期間	著作・訳書	備注
羅明堅	復初	イタリア	1543-1607	1579-1588	天主聖教実録	広州にて版刻
利瑪竇	西泰	イタリア	1552-1610	1582-1610	幾何原本、同文算指、万国輿図	北京に葬られる
郭居静	仰鳳	イタリア	1560-1640	1594-1640	霊性詣主、悔罪要旨	晩年は杭州に居住
龍華民	精華	イタリア	1559-1654	1597-1654	急救事宜、地震解	
龐迪我	順陽	スペイン	1571-1618	1599-1618	七克大全、人類原始	
羅如望	懐中	ポルトガル	1566-1623	1598-1623	天主教啓蒙	杭州にて死去
高一志	則聖	イタリア	1566-1640	1605-1640	西学修身、空際格致	初名は王豊粛
熊三抜	有綱	イタリア	1575-1620	1606-1620	泰西水法、簡平儀説	マカオにて死去
陽瑪諾	演西	ポルトガル	1574-1659	1610-1659	天問略、天学挙要	杭州にて死去
金尼閣	四表	フランス	1577-1628	1610-1628	西儒耳目資、況義	杭州にて死去
艾儒略	思及	イタリア	1582-1649	1610-1649	職方外紀、西方問答	
畢方済	今梁	イタリア	1582-1649	1610-1649	霊言蠡勺、画答	
鄧玉函	涵玉	スイス	1576-1630	1621-1630	人身説概、遠西奇器図説、大測	北京にて死去
傅泛際	体齋	ポルトガル	1587-1653	1621-1653	寰有詮、名理探	マカオにて死去
湯若望	道味	ドイツ	1591-1666	1622-1666	渾天儀説、遠鏡説	
羅雅谷	味韶	イタリア	1593-1638	1624-1638	測量全義、五緯暦指、比例規解	または羅雅各
盧安徳	磐石	ポルトガル	1594-1632	1626-1632	十八幅星図	
利類思	再可	イタリア	1606-1682	1637-1682	西方紀要、天学真詮	
衛匡国	済泰	イタリア	1614-1661	1643-1661	天主理証、霊性理証	
穆尼各	如徳	ポーランド	1611-1656	1646-1656	天歩真原、天学会通	肇慶にて死去
陸安徳	泰然	イタリア	1610-1683	1659-1683	聖教略説、黙想大全	マカオにて死去

南懐仁	敦伯	ベルギー	1623-1688	1659-1688	坤輿全図、坤輿図説	北京にて死去
閔明我	徳先	イタリア	1639-1712	1669-1712	方星図解	
徐日昇	寅公	ポルトガル	1645-1708	1672-1708	律呂正義	北京にて死去
張誠	実齋	フランス	1654-1707	1687-1707	満文字典、哲学要略	
白晋	明遠	フランス	1656-1730	1687-1730	天学本文、古今敬天鑑	
雷孝思	永維	フランス	1663-1738	1698-1738	皇輿全図	
杜徳美	嘉平	フランス	1668-1720	1701-1720	周経密率、求正弦正矢捷法	
戴進賢	嘉賓	ドイツ	1680-1746	1716-1746	策算、儀象考成	
徐懋徳	卓賢	ポルトガル	1690-1743	1716-1743	暦象考成	
宋君栄	奇英	フランス	1689-1759	1722-1759	用法文訳：詩経・易経	
蒋友仁	徳翊	フランス	1715-1774	1744-1774	渾天儀図説	

出典：熊月之『西学東漸与晩清社会』79〜81頁

2．清朝皇帝の伝教会への対応

　隋朝から唐朝を経て宋朝まで、この間合計690年である（西暦590年〜1279年）。隋・唐・宋代には、中国国内の交通は国内統一によって内陸道路の往来が頻繁となり、一方においては、民族の地位の優勢によって隋・唐の域外交通も隆盛となり、隋・唐・宋代ともにその域外交通は大いに発達を見ていた。唐代の外域に至る道の最も重要なものを挙げると次の3つである。
　　①安西より西域に入る道
　　②安南より天竺に通ずる道
　　③広州より海夷に通ずる道（新唐書地理志）
以上の三道のうち、安西より西域に入る道と安南より天竺（インドの古名、乾毒・身毒）に通ずる道は陸路であったが、広州より「海夷」に通ずる道は水路＝海路であった。

元・明・清代の交通の特色は外域海運の発達である。元の太祖がインド遠征を敢行したことにより、南洋諸国は元に朝貢するに至った。イブン・バトゥータ（Ibn Battutah, 1304～77年）がのちに旅行記に述べたところによれば、当時の中国・インド間の海上交通は完全に中国人の手に握られ、中国で製造された多くの船舶が南海上を馳駆していた。

　明代初年には、突厥が興起したことにより中国とヨーロッパの陸路交通は遮断されたが、南海の海上交通は元代にまさる盛栄さであった。有名な三宝大監鄭和の7回に及ぶいわゆる「下西洋」の物語である。ここに言う「西洋」というのは南洋以西の海岸及び沿海各地を指したもので、現在言われている西洋とはその意義を異にしている。鄭和は、南海諸国を威圧し中国の覇を唱えた。この時代における南海上の中国人の活動は前古にその比を見ず、現在においてもなお、南海諸島各地に鄭和を主人公とする諸伝説が数多く残されている。

3．康熙帝の場合

　鄭和の没後80年を経て行われたヨーロッパ人の東漸は、大略前述の如きもので、明代における彼らの領土侵略はまだその序幕であった。清初に至り、英・露・仏等の西洋諸国の拡張政策がいかなる野心を包蔵していたかがわかり、また、ヨーロッパ人の宣教師たちがみな侵略政策の手先であるという結論を得るに至ったのである。

　清朝は満洲族の出身であり、文化らしい文化を有していなかったため、一切漢民族の文化を踏襲するよりほかに方策がなかった。清朝もまた、ポルトガルの宣教師すなわち耶蘇会士が天文暦数に通暁することを考慮し、新王朝の基盤整備のためにヨーロッパの宣教師の奉仕を利用しようとした。そのため彼らに在留を許しその伝道さえ黙認したのである。ついに、清王朝第三代皇帝順治帝はアダム・シャールの天文知識を認め、宣教師等をして暦書の編纂や地図の測絵に従事せしめた。1644年（順治元

年)、アダム・シャールは欽天監(天文台長)に就任し、順治帝の厚遇を受け、西洋の暦法を参酌して時憲暦書を天下に行ったのである。

　順治帝は1661年に死没した。順治帝の跡を継いだ康熙帝はその時まだ満7歳にも達していなかった。1667年、13歳になった康熙帝は政務を執るに及び、その後約62年間帝位を保持した。康熙帝は、フランスのルイ14世、ロシアのピョートル大帝、イングランドのウィリアム3世の如きヨーロッパの君主と同時代にあったが、君主としての能力と資質においては、おそらく最も優れていたであろう。

　清の順治初年、ロシアの遠征隊が東下し、1649年頃、ついに黒龍江下流地方に侵入し、松花江流域の経略を試み、かくてアルバジン(Albazin・雅克薩)城が築かれた(1663年)。然るに黒龍江流域の経営は清の方が早く、清の太祖・太宗の頃には、庫葉(庫頁・苦夷、即ち今のサハリン島)まで勢力を及ぼしていた。康熙帝は兵を発してロシアの勢力を駆逐した。その頃ロシアではピョートル大帝が新たに即位していたが、政局はなお不安定であったため、清と和議を講ずることにし、ガローヴィン(F.A.Golovin)を使者としてネルチンスク(Nertchinsk・尼布楚)に派遣した。そこで康熙帝も、索額図に宣教師ジェルビヨン(Gerbilon・張誠)とペレイラ(Thomas Pereira・徐日昇)を伴わせ、約1万の兵とともにネルチンスクに派遣し、ロシア側の使者と協議せしめた。ロシアの使者は清兵の大軍に驚き、且つ耶蘇教士の巧みな外交に翻弄されてついに譲歩し、1689年11月、両国間にネルチンスク条約が調印された。この条約は、中国とヨーロッパ国家との間に締結された最初の条約である。その主な条項としては、

①黒龍江の支流格爾必斉河から外興安嶺山脈に至る一線を清露国境とする。

②ロシア人は雅克薩城を放棄して西北に退き、且つ黒龍江の航行を禁ずる。

③旅券を有する者以外は、両国人は互いに境界を越えることは出来な

い。
等の7ヶ条を定めた。
　特に条約を締結して国境を議定したことは初めてであったうえ、康熙帝が愛琿・吉林などに兵を派して国境守備を固くしたため、ロシアは容易に南下することが出来なくなった。ネルチンスク条約は中国外交史上において、非常なる成功であったため、ペレイラとジェルビヨンの両宣教師がネルチンスク会商の際、清露の間を駆け回って全力を尽くして大任を果たしたことに、康熙帝も感銘を覚えたのである。そうしたこともあり、康熙帝は宣教師に対して一定の理解と信任の関係を保っていた。
　康熙帝は8歳にして順治帝についで即位し、翌年（1661年）には康熙と改元とした。彼は61年間の在位中に著しい文武の業績を挙げ、大清帝国の地盤を堅固に築き上げた。親政期には、性質賢明で政治や学問に頗る理解を有していた。宦官の政治干与を厳禁し、漢儒を重用して漢族の心を収め、耶蘇教士を用いてヨーロッパの科学・技術を究明させた。ここで、康熙帝の「西夷」の学問への対処について概要を述べることにする。
　康熙帝は、西洋天文学を好むこと甚しく、フェルビーストに対する信任は特に厚く、彼から天文学や数学の進講を受けた。異教徒の伝道僧が天子の玉体に接近し、西洋の学問を講授することは類例を見ないことであった。フェルビーストに付いてマテオ・リッチが漢訳した『幾何原本』を教科書として幾何学を学んだ。
　フェルビーストは進講の余暇に、天主教の法話を説いて、この天下を天主教に帰信させようと努めた。康熙帝さえ天主教に入信させれば、高官要人はもちろんのこと、臣民すべてがたちまち天主教に帰依するものとフェルビーストは確信していたが、康熙帝は天主教には帰依しなかった。フェルビーストの望みどおりにはならなかったのである。中国は偉大な文化的伝統を有しており、それは西欧のキリスト教文明とまったく異なり、自分たちは西欧文明よりもはるかにすぐれていると考えていた。

1678（康熙 17）年、フェルビーストは北京からヨーロッパ全土の耶蘇会士に宛てて公開状を発した。彼はこの公開状の中で、中国在住の宣教師がだんだんと病没し、或いは帰国し、その一方で、新来者も杜絶したために、折角緒に就いた中国への伝道事業がついに衰退するに至った事情を述べていた。

　ルイ 14 世（Louis XIV、1638 ～ 1715 年）をはじめフランス政府の首脳部は、フェルビーストの公開状を読み大いに感動した。時の首相コルベール（Jean Baptiste Colbert、1619 ～ 83 年）は、有名な重商主義者であり、中国への伝道事業をフランスの勢力下に収めようと考えていたため、フランス自身がこの事業に成功すべき適任者であると主張した。ルイ 14 世もまた中国の皇帝と同じように天文学の研究に熱心であった。彼は首相コルベールと協議して、フランス耶蘇会の中から 6 名を選んで中国に派遣した。1687 年 6 月に北京に到着した彼らは、康熙帝に拝謁する光栄を得たが、中でもジェルビヨン、ブーヴェ（Joachos Bouvet・白進、白晋）の両宣教師は康熙帝の侍講を命ぜられ、数学と自然科学を進講した。これらの耶蘇会士によって康熙帝は西洋の宣教師や学者と接触し、こと彼らが持参した工芸品・美術品に接触して、初めて西洋科学と西洋文化の価値を認めるようになった。1692（康熙 31）年、康熙帝は新令を発布し、康熙四年の禁令を撤回して臣民に対し天主教の信仰を許可するに至った。

　翌 1693（康熙 32）年、康熙帝はマラリヤに罹って大変危険な病状に陥り、宮中は憂惧の雲に包まれた。そこで、フランス耶蘇会士のジェルビヨン、ブーヴェ、フォンタネの三宣教師はキナを進献した。康熙帝はこのマラリヤの特効薬で命を助けられた。帝は彼らの忠誠を愛し、西直門内の有名なフランス教会「北堂」を下賜したのである。

　以下、康熙帝が天主教に対していかなる理解を有していたかを吟味してみよう。

　康熙帝は、宣教師たちが現世のことには殆んど信頼を置かないことに疑問を感じていた。なぜなら、宣教師たちは現在天国にいるのではない

のだから、天国のことを心配することは康熙帝にとっては「杞人憂天」と思われたのである。康熙帝が天主教を公許するのも禁制するのも、天子（皇帝）が天意に合致する道理に準拠して行った政治の結果であり、元来天主教の教理とは関係のないことであった。つまり、康熙帝は天主教の教理に関わりなく天主教を解禁し、ますます宣教師の科学知識を重用しようとし、宣教師たちもまた、喜んでこの重用に悦服したのである。

　1701（康熙40）年、康熙帝は中国地図測絵の事業を在京の宣教師に託した。この事業は国家的事業であった。1708年、フランス人宣教師ブーヴェ、ジャルトウ（Petrus Jartoux・杜徳美）、レジス（Ludovicus Buglio・利類思）らは約8年を費して実測地図を完成させた。康熙帝はこれに命名して「皇輿全覧図」と称した。これはその後長く各種の中国地図の原本となった。

　1722年、ついに康熙帝は第四皇子和碩雍親王に後継を遺言して死没した。そして同親王が即位し世宗となり、翌1723年、雍正と改元した。

4．雍正帝の場合

　康熙帝の生前、立太子問題をめぐってポルトガル宣教師ムーラン（穆敬遠）が第九皇子允禟と結託し、この皇子を太子に冊立しようと策動したが、この陰謀は暴露された。外国の僧侶が中国の内政に干渉するに至ったことは康熙帝の逆鱗に触れた。その後、ムーランはまたも叛逆運動を開始しようとした。実に驕慢不遜な有様であった。それ故、雍正帝の怒りは甚しく、ムーランは死罪に処せられたのである。

　康熙帝時代の太子冊立運動や新帝時代の叛逆運動にムーランが関係したことから、雍正帝が天主教と宣教師の政治的陰謀に対してある種の嫌畏を抱いたことは事理の当然と言わざるを得ない。雍正帝は機を見て天主教を禁止し宣教師を北京からはもちろんのこと、全国から放逐しようと決心したのである。

宣教師は中国がみな天主教に帰信することを望んでいた。もし中国人がすべて天主教に入信すれば、中国人はキリスト教国家の臣民となるのである。それ故、宣教師はキリスト教を信ずるヨーロッパ君主の侵略政策の手先と定義されたのである。中国人がすべて天主教に帰信したならば、中国人はローマ教会の忠徒となる一方で、清朝にとっては叛徒となる危惧があった。かかる政治的憂慮から、雍正帝は断然禁教令を発布するに及んだのである。マテオ・リッチが伝道の基礎を築いて以来約120年、幾多の苦難と殉教とによって発展してきたキリスト教伝道の道も一朝にして杜絶してしまったのである。

中国諸省の宣教師はマカオに追放されたが、北京に滞在する宣教師は追放を免れた。つまり、天文暦数に秀でる者、もしくは美術工芸の技能を有する者は、そのまま滞在が許されたのである。

5. 乾隆帝の場合

1735（雍正13）年、雍正帝が死去し乾隆帝が即位した。25歳の青年帝王であった。然るに新皇帝の即位匆匆から、天主教迫害事件が相次いで発生した。乾隆帝はついに禁教令を発布した。満族旗人はもちろんのこと、一般の人民も天主教を信ずることが厳禁されたのである。

乾隆帝による天主教と宣教師に対する反感と寛容という相矛盾する態度の裏には、重大な文化的意義が存在していた。

乾隆帝の眼には、耶蘇会（天主教）の野心は中国の伝統文化を破壊するものと映った。キリスト教に立脚する西欧文化精神と儒教に立脚する中国文化精神との正面衝突、つまり文化衝突である。中国のキリスト信徒は宣教師の教えを信じて儒教を棄教した者たちである。信徒は漸次儒・仏の信仰を失い、人民全体の意識が異国宗教の教理に侵蝕されて、人々の精神は異国宗教の支配を受けるに及ぶ。これは中国の倫理道徳と抵触し、中国の社会組織に危害を与えるものである。ことに当時、宣教師は

施捨救済の名目で、利を以って愚夫愚妻を勧誘する形跡を示していた。ましてやポルトガル船員の行動に至っては、放肆乱暴を極めていたのである。そしてこれらの船員はみなキリスト教徒であり、教会堂に入り宣教師に就いて懺悔を行い、良心を清掃していたはずである。ところが彼らの行動は汚穢を極めていた。この点から見れば、キリスト教は形式一点張りで教化力の乏しいものであった。したがってキリスト教は邪教であり、僧侶は邪法の流布者と断定され、禁教令が発せられたのである。

　康熙帝も、雍正帝も、乾隆帝もキリスト教の布教と科学を切り放して考えていた。キリスト教は無用の害物であるが、科学だけは有益であるから、宣教師の科学知識のみ重視されたのである。しかし、宣教師たちはかかる乾隆帝の肚裏を理解することが出来なかった。彼らはひたすら皇帝の西洋科学趣味に奉仕して、その意を迎え、天主教が再び解禁されることを期待していたのである。

　乾隆帝は、在朝の宣教師を飽くまで天文学者・時計師・画家としてのみ優待し、時には彼らを清朝の官吏（欽天監）に登用するなど、破格の恩待を与えたこともあった。要するに、中国は宣教師の科学知識は必要としたが、天主教は必要としなかったのである。中国の皇帝は天子（天帝の子）であり、天命を受けて人民を治めるものである。中国は西欧のようなキリスト教の教理に基づく絶対君主専制政治ではない。故に中国皇帝は、ローマ教皇の忠良なる傀儡にもローマ教会の敬虔なる信徒にもなる必要はなかったのである。

6．鄭和の大遠征と西洋の「大航海時代」

　1405（永楽3）年、永楽帝の命を受けた鄭和は27,000人の大艦隊を率いて南海に乗り出した。以後28年間に7次に及ぶ大航海を行い、その航行距離は約10万海里に及んだ。鄭和の遠征海域は遍く南洋群島に及び、さらにインド洋を横ぎりアラビア及びアフリカ東岸にも及んだ。インド

洋は中国の内海となったのである。鄭和の航海コースはアフリカ東海岸にとどまったが、喜望峰コースの発見はその後数十年後になされ、中国と欧州との直接海上交通は鄭和の死後80年にして始めて開かれた。

『明史』巻325には、1518（正徳13）年に「佛郎機」が「使臣加必丹末等を遣し、方物を貢し、封を請い、始めてその名を知る」との記事がある。「佛郎機」とは、『明史』ではポルトガル人或いはスペイン人を指す語であり、この記事は中国と欧州との直接海上交通に関するものと見るべきであろう。ルイーズ・リヴァシーズの『中国が海を支配したとき―鄭和とその時代』の中に、鄭和の宝船艦隊は、「東南両シナ海とインド洋を駆けめぐり、台湾からペルシャ湾、さらにははるか、中国人にとって黄金郷だったアフリカ大陸にまで到達したのだ。中国人はアラビア商人を通してヨーロッパについて聞き知っていたが、そこに達しようとする望みは抱かなかった。ヨーロッパという〈極西〉の地は、わずかに羊毛とぶどう酒を産するのみであり、中国にとってほとんど何の魅力もなかったからである。前述した約三十年のあいだに、異国のさまざまな商品と薬草、そして地理的知識とが前例のない勢いで中国に流入し、また逆に中国はみずからの政治的影響力のおよぶ版図をインド洋のすみずみに生で拡大した。このように世界の半分もやすやすと手中に収め、加えてかくも怖るべき海軍力を所有していたのであれば、望むならば中国は残る半分もやすやすと手に入れたはずだ。そのとき中国は、ヨーロッパ人たちの大航海時代に先立つ百年も前、植民地経営に強大な力を発揮していたかもしれないのだ。」（10頁）と記している。

1477年は、中国の遠洋航海を復活させる最後のチャンスであった。しかし、鄭和の航海日記は兵部職方司郎劉大夏の手によってすでに焼却されていた。これは、劉大夏の宦官に対する恐怖心によって引き起こされた悪作劇であったが、中国にとっては歴史的な悲劇でもあった。中国はこれにより海洋世界から離脱してしまったのである。

前述のように、ちょうど同じ頃、ヨーロッパ人はその冒険的な航路を

ますます遠くへ延長していた。彼らは地中海海域から出発して、「極東」へ到る海路を開拓しようとしていたのである。

　1440年代、中国航路を求めるポルトガルのエンリケ親王（Enrique el Navogador、1394～1460年）はアフリカ西海岸の探検に力を注ぎ、ポルトガル人のアフリカ周航およびインド航路発見の基をなした。バーソロミュー・ディアス（Bartholomew Diaz、1450～1500年）は1488年に喜望峰を周航し、ヴァスコ・ダ・ガマ（Vasco da Gama、1469～1524年）は1498年に漸くカリカットへ到着する。そして1492年には、言うまでもなくコロンブス（Columbus、1446～1506年）が新世界発見の端緒を作ったのである。コロンブスの夢が1521年にフェルデナンド・マゼラン（Ferdinand Magellan、1480～1521年）によってかなえられた。マゼランは1520年10月にマゼラン海峡を発見、1ヶ月後にここを通過し太平洋に出た。この未知の新しい海洋を太平洋と命名した。1521年3月頃グアム島、ついでフィリピン群島に到着したが、そこで現地民と戦って死んだ。その後生存者は船長カノ（Cano）を中心として航海を続け、ボルネオを発見、インド洋をこえてアフリカ南端を周り、22年9月世界一周を達成してスペインに帰着した。この世界一周によって地球が球形であることが実際に証明された。

　中国が南洋海域の覇権を自ら放棄したとき、ポルトガル人或いはスペイン人がこの海域に進出してきた。17世紀中葉以後はこれに代わってオランダ人が台頭した。ヨーロッパ文明のうち、ポルトガル人によって中国に持ち込まれたものが仏郎機銃、オランダ人によって伝えられたものが紅夷砲である。このほか、イタリア人のマテオ・リッチは万国全国を伝えたことにより、中国人は初めて五大洲の存在を知ることになった。

　かくて半島の小天地に蹢躅していたポルトガル人とスペイン人の眼前ににわかに広大な世界が現われたために、彼らは新財宝の獲得に狂奔し、熾烈な「海上角逐」を開始するに至ったのである。そしてポルトガルは1510年にインドの西岸ゴア（Goa・臥亜）を占領していわゆる香料貿易

を独占し、恐るべき巨利を貪りつつあった。ポルトガル政府は、兵力によって新領地のインド人を屈服させるよりも、キリスト教の教会力を用いて先ずインド人を「霊的に征服」しようと欲し、ローマ教会に宣教師のインド派遣を要求した。ローマ教会は耶蘇会士の極東布教を允諾し、耶蘇会士はリスボンからポルトガル商船に乗って遠くインドへと渡ったのである。

7．西洋宣教師の活動と中国

　彼らにとって、アメリカをはじめ中国・インド・日本の如きは、全く未知の世界、或いは殆んど未知の世界であった。これらの世界は聖書に記載されていない世界であり、キリスト教と無縁の世界であった。耶蘇会士たちは異教徒の救霊のため、或いは霊的征服のため、これらの地に天国を築くことを理解としていた。かくてゴアには司教管区が設置され、東洋布教の根拠地となったのである。また、ゴアは同時にポルトガルのアジアにおける最初の植民地、東洋貿易の根拠地・中継地としても繁栄した。1510年に占領され1961年にインドに収復されるまでの451年間、ポルトガルによる支配が続いたのである。

　16世紀初め、ポルトガル人はインドから東下して、中国のマカオに渡来した。前述のマテオ・リッチと同時期、或いはこれに次いで、パントヤ（龐迪我）、羅雅谷（Jacobs Rho）、アダム・シャール（湯若望）らによって測量暦法がもたらされた。イタリア人ニコラオ・ロンゴバルチ（龍華民）の著書『地震解』、同じイタリア人のジュリオ・アレニオ（Julio Alenio・艾儒略）の著書『職方外記』、ドイツ人ヨハン・テレンス（Johann Terrens・鄧玉函）の著書『人身概説』、『奇器図説』等、西洋の天文・暦算・地理・地質・生物・機械等の諸学問はいずれも明末に中国に伝入された。

　清初においては、中国と外国の交通は中国とヨーロッパ間の交通が主であった。当時ベルギー人フェルディナンド・フェルビースト（南懐仁）、

アダム・シャール、イタリアの宣教師ジョセフ・カスティリオーネ（Joseph Castiglione・郎世寧）等が中国に西洋の天文学を紹介し、洋画の手法をもって中国画を描き、或いは西洋の測量技術でもって中国の地図を作る基礎をなすなど、立派な研究功績を残したのである。

　ここで中国の皇帝が天主教に対していかなる理解を有していたかを改めて吟味してみよう。

　中国に渡来した最初の宣教師はイタリア人の耶蘇会士マテオ・リッチであった。彼は1610年に明の神宗皇帝に拝謁することができた。神宗皇帝にキリスト図像・聖母図像・十字架・時計を献上したが、神宗皇帝が最も関心を示したものは時計であった。このぜんまいと振り子によって働く時計は神宗皇帝の心を揺さぶった。ついにマテオ・リッチは、北京に滞在してキリスト教を布教することを許され、京城内に小屋を与えられて、若干の内帑金をも下賜された。マテオ・リッチらはこの小屋を会堂として福音宣伝を始めた。マテオ・リッチが皇帝から布教公認の勅語を受けたことを聞くと、耶蘇会の他の宣教師が続々と中国に渡来するようになった。

　そもそも中国には儒教・道教・仏教があり、「西夷」の宗教たるキリスト教を信奉する道理はなかった。ただ、耶蘇会の宣教師は伝道者・科学者という二重の資格を備えていたために、明朝は宣教師の科学的造詣を利用しようとし、彼らの滞在を許可したのである。

　しかも、彼らが北京の朝廷に滞在し親しく中国の風物に接すると、中国がその道徳・政治・宗教・歴史・哲学の如き形而上の文化において燦爛たる古代文明を有していることを認識し、彼らが中国人を偶像崇拝教徒と侮称し、その文化を蔑視してきた傲慢を初めて自覚するに至ったのである。それ故、耶蘇会士たちは中国文明の研究に着手し、中国の風土や文明制度に関する研究を本国に報告するようになった。彼らの中国研究報告はヨーロッパ各地で続々出版されるようになった。その中で最も有名な文献を挙げると、次の通りである（後藤末雄『日本・支那・西洋』

95 ～ 96 頁、参照)。
　① Mendoca, Hiotoria del granp Regno de la China, Roma,1585
　　(メンドサ『支那大帝国史』ローマ、1585 年)
　② Semedo, Imperio delaChina, Madrid,1642
　　(セメド『支那帝国史』マドリード、1642 年)
　③ Martini, SinicaeHistoriaedecasprima, Munuch,1658
　　(マルチニ『支那上古史』ミュンヘン、1658 年)
　④ Intorcetta, Sapientia Sinica, Kien-Cham. Kian-si,1662
　　(イントルチエツタ『支那哲学・中庸』江西省建昌府、1662 年)
　⑤ Couplrt, Intorcetta etc., Confucius sinarum philosophus, Paris,1687
　　(クープレ、イントルチエツタ他『支那の哲学者孔子』パリ、1687年)
　上文献の内容は、中華帝国の強大さ、物産の豊富さ、文物制度の完備ぶりを讃美したものに他ならない。マルコ・ポーロの『東方見聞録』が決して荒唐無稽の物語でないことが証明されたのである。
　ポルトガル伝道団の耶蘇会士が著述した中国研究書はフランスの知識人に広く読まれた。かねてからルイ14世を始めフランスの宰相コルベールは、ポルトガルに代わって中国の伝道事業をフランスの勢力下に収めようと考えていた。コルベールは有名な重商主義者であり、フランスの海外植民地の獲得にも努めた政治家である。
　ついにルイ14世は、宰相コルベールと協議の結果、フランスの耶蘇会士6名を選んで中国に派遣することに決定した。
　　フォンタネ (洪若翰)、ジェルビヨン (張誠)、ブーヴェ (白晋)、
　　ル・コント (Le Comte・李明)、ヴィドルー (劉応)
彼らは1688年2月に北京に到着した。まもなく康熙帝に拝謁する光栄に接したが、中でもジェルビヨンとブーヴェの両宣教師は皇帝の奉侍を命ぜられた。フランスの耶蘇会士による中国研究は広汎なものであり、内容においても深遠精確であった。
　ポルトガルとフランスの宣教師の中国渡航の目的は、いうまでもなく

キリストの教訓を奉じて、中国人に福音を宣伝し、彼らをキリスト教に入信させて、いわゆる救霊の聖業を行うことにあった。キリスト教徒から見れば、中国人は憐れむべき異教徒・偶像崇拝教徒だったからである。

しかし、ル・コントは『中国現状新誌』の中で次のように述べている。
> ヨーロッパと他の世界とが迷信と腐敗とに陥っていたのに反し、中国は四千年以来、真の神に対する知識を保存し、道徳の最も純粋な格言を実践してきた。

つまり、中国がヨーロッパの未開時代から、「真の神」を知っていたというのは明らかに明言である。「道徳の最も純粋な格言」とは、いうまでもなく孔子の教えを指している。中国の伝統的な祖先崇拝（祖先教）と孔子崇拝（孔子教）を非難するはずのキリスト教宣教師が、中国の国体の本義を知ったために出た言葉といえよう。

これはまさに東西思想の正面衝突に他ならない。宣教師が中国に持ち込んだカトリック教と中国の祖先教・孔子教・仏教との衝突は、まさに一種の「文明の衝突」であったと言えよう。

康熙帝は知能の高い人物であり、耶蘇教士を用いてヨーロッパの科学技術を導入した。その一方で儒教を尚んで漢人の心を収め、ラマ教を利用して蒙古及びチベットを治め、学者をして経学の研究・編纂事業を成さしめんとした。

1664（康熙3）年、欽天監副であった楊光先は、宣教師を欽天監から一掃しようと企て、天主教と宣教師を中傷して彼らを国内から追放しようと図り、朝廷に宣教師の非を訴えた。当時康熙帝はわずか11歳の少年で、4人の摂政はみな排外主義者だったため、翌1665年には天主教に対し禁令が発せられた。この禁令は康熙31年2月3日（1692年）になってようやく解除された。康熙帝が天主教の禁令を撤回したのも、またフランス耶蘇教士に北堂（西安門内）を下賜したのも、みな宣教師が君側にもたらした西洋科学の実用価値によるものであった。

その一方で、次のような上諭を発して警告を加えることも忘れなかっ

た。

　　なお西洋教・天主を崇ぶが如きも亦、不経に属す。其人暦数に通ず
　　るに因って、故に国家これを用う。爾等知らざる可らざるなり。
　この上諭は、宣教師の科学的価値を肯定する一方で、その宗教的価値
ひいては彼らの伝道する天主教の価値については明確に否定していた。
ここから、康熙帝の天主教に対する肚裏を窺うことが出来るだろう。
　康熙帝の逝去直前、皇儲冊立問題すなわち立太子問題が発生した。ポ
ルトガル伝道団のムーラン（穆敬遠）は第九皇子允禟と結託して立太子
運動に狂奔した。康熙61（1722）年、皇帝は皇子30余人を病床に集め、
第四皇子和碩雍親王を太子に冊立すべきことを申し渡した。同年11月15
日戌刻、康熙帝は暢春園寝宮にて崩御した。この和碩雍親王が雍正帝で
ある。元来、雍親王は庶出であるから、他の皇子たちは雍正帝の幸運を
嫉妬した。とくにポルトガル伝道団のムーランは、太子冊立運動に陰謀
をめぐらし、康熙帝から面詰されたことを恨んでいた。この宣教師は性
懲りもなく、またもや允禟皇子を担いで叛逆運動に加担した。それ故、雍
正帝の怒りは甚だしく、帝は先ず允禟皇子とムーラン宣教師を西寧に流
謫し、ついでムーランのみを死罪に処したのである。そもそも宣教師が
政治的陰謀に加担することは内政干渉であり、言語道断の行動であった。
　雍正帝は、ムーランが康熙帝時代には太子冊立運動、新帝時代には叛
逆運動に関係していた事実を発見し、天主教の政治的悪果、宣教師の政
治的陰謀を認めずにはいられなかったのである。雍正帝は仏教、殊に道
教の篤信者であり、天主教にはほとんど無関心であった。加えて、日本
において天主教騒動たる「島原の乱」が発生した。この騒動については、
1718（康熙57）年、広東碣石総鎮・陳昴の上奏によって、その顛末が清
朝に伝わっていた。もし清朝が康熙帝の解禁令をそのままにして置くな
らば、清国にも「島原の乱」に類する宗教騒動が生ずるかもしれない。雍
正帝は機を見て天主教を禁止し、宣教師を北京からは勿論のこと、全国
から放逐しようと決心したのである。かかる政治的判断から、雍正帝は

断然 1723（雍正元）年 12 月に禁教会を発布するに及んだ。ただし、雍正帝は天文暦数に秀でる者、もしくは美術工芸の製作技能を有する者については、元の通り在朝を許した。

雍正 13 年 8 月（1735 年）、雍正帝は崩御した。在位 13 年、享年 58 歳であった。皇太子弘暦が皇帝の位に即き、明年をもって乾隆元年とした。乾隆帝も禁教の方針を継承し、1747 年には全国から外国人宣教師を追放し、禁を犯す者は殺害するに至った。かくて中国におけるキリスト教の布教は一時頓挫したが、欽天監の事に当たる者はその後もなお任用された。

雍正時代は宮廷奉仕者以外のすべての西洋宣教師の国内滞留は禁止され、布教活動は弾圧された。皇子であった乾隆は、余程のことがない限りこの方針を転換することはできなかった。けれども、乾隆は皇子の時からカスティリオーネ（郎世寧）という画家を知っていた。即位後はことに彼に愛顧を加えた。カスティリオーネは乾隆帝にキリスト教弾圧を中止するよう直訴した。乾隆帝はその直訴状を受理し、「自分はなんじらの教を禁じたことはまったくない（宣教自身がキリスト教を信ずることを禁じたことはない、というふうにはぐらかしたのであろう）。ただ旗人たちがこの教を信奉することを禁じただけだ」と述べた。乾隆はうまく焦点を外して言い紛らしたのである。

しかし、乾隆帝はキリスト教徒の殉教心理を恐れていた。すなわち一言すれば、国家の政治は信仰に対しては支配力がなく、信者の意志を制御することは出来ないのである。かえって信者たちは政治力の支配によって死刑に処せられることにより、殉教の幸福が始まると信じていたのである。つまり、信仰のために殉じた時は、天国に昇って永遠の浄福を勝ち得ることが出来ると信じていたのである。言い換えると、これは絶対専制君主たる中国皇帝の政治万能と天子万能の思想上の衝突であった。それ故、乾隆帝は禁教令を撤廃する意志を持つはずはなく、かえってこの禁令を強化しようと決心したのである。

康熙帝は天文暦数の必要上からか、または自己の西洋趣味からか、ついに天主教を解禁するに及んだ。乾隆帝は康熙帝と同じく西洋の自然科学と絵画に深い興趣を有していた。もし宣教師たちがその西洋趣味に迎合したならば、ついに雍正帝の発布した禁教令は撤回されたであろう。
　乾隆帝は在華の宣教師を飽くまで天文学者・時計師・画家として優待し、時には彼らを清朝の官吏（欽天監）に登用して破格の恩待を与えた。宣教師は乾隆の恩威に敬服し、すっかり懐柔されてしまった。たとえば、カスティリオーネは乾隆帝の肖像画をはじめ、百駿図、十駿図、馬技図、春郊試馬図、哈薩克貢馬図（コサック）のほか、禽獣花卉を描いた名品を多数残している。
　また、カスティリオーネは、フランス耶蘇会士ブノワ（Benoit・蒋友仁）と協力して、康熙帝が造った圓明園を拡張して園の南に綺春園、東に長春園を造営した。ヴェルサイユ宮殿にも比すべき中国最初のバロック（Baroque）式宮殿建築である。長春園の北側には立派な噴水も備えられていた。しかし、1860（咸豊10）年8月、イギリス・フランス連合軍が北京を占領したとき、イギリス大使エルギン（James Bruce, Earl of Elgin）の提議により、イギリスのグラント（Grant）将軍の手によって焼き払われ全くの廃墟と化した。フランスとイギリスの将兵は圓明園内に突入したとき、ほしいままに掠奪を行い、あらゆる珍宝を奪い去った。歴史上において空前の愚行である。
　ブノワは、1772（乾隆37）年に中国全図と中国辺疆の地図の作成を命じられた。完成した大地図は104枚の小図から成り立っている。この地図は「皇朝中外壹統輿図」と呼ばれている。

8．むすび

　上述の通り、明末清初には、西洋の宣教師の伝教を通じて西洋の科学文明が漸次中国に輸入された。

1582年、インドのゴアを出発したマテオ・リッチは、8月7日にマカオに着き、そこでミケーレ・ルッジェーリ（Michel Ruggieri・羅明堅）と出会った。以後、アダム・シャールらの宣教師とともに布教に努めた。翌1583年には肇慶に移り、1589年にはそこを追い出されて韶州に移った。

　1601年1月、幾多の艱難の後北京に入り、神宗皇帝にキリスト及び聖母の画像と自鳴鐘（時計）を献上した。帝はこれらの献上品を喜び、翌年京城宣武門内に会堂の建設を許可した。北京で布教に従事する傍ら、天文・地理・数学を教え、士人の信望を得ていった。その信徒の中でも有名なのが徐光啓・李之藻・楊廷筠の3人である。リッチが著した漢文著書は多数にのぼる。

　清代に入ると、とくに清初の歴代皇帝は、宣教師を西洋学術の教師としてのみ厚遇し、宗教家としての布教活動は制限した。その一方、儒教の尊い学者を優遇して漢族の心を収攬した。康熙・乾隆の諸帝は用意頗る周到で、学者を用いて編纂の事業に力を傾けさせ、それによって天下の心を統一せんとした。ラマ教を国教にして仏教を抑えたのは、藩属諸部の綏撫の必要もあってのことであろう。

　清は満洲の女真族から興って中国を支配したが、金・元の如く固有の文化を持っていなかったので、精神文化方面のことになるとほとんど全く漢族の文化をそっくり踏襲しなければならなかったのである。清が武力によって広大な領域を征服したことは、かえって漢族に発展の舞台を作る結果をもたらし、次第に漢族の政治的地位は向上し、さらに西力が東漸すると、引き起こされる屢次の外患はいたずらに清朝の弱点を暴露するのみであったから、宋朝以来とくに正統論によって培われた思想は、いわゆる滅満興漢の旗印となって、ついに清朝の滅亡を招く結果となったのである。

　清初において耶蘇教士によって西洋の学術・技芸が伝えられたが、漢文化の根底を動かすことはほとんどなかった。康熙・雍正・乾隆の如き明天子は、耶蘇会士の政治的陰謀、もしくは彼らがヨーロッパの君主の

手先たることを看破し、宣教師として活動すべき余地を与えなかったのである。

　清初の皇帝ほど宣教師らの奉仕を利用した皇帝はいない。皇帝は宣教師を必要としたが、国家は天主教を絶対に必要とはしなかった。言い換えれば、中国は幾度も王朝を変えたが、文物制度を変えたことは一度もなかった。この事実は、中国文明の優越性を立証するものに他ならない。

　「変わる中国、変わらざる中国」という点にこそ、世界に類例を見ない中国人の賢明さが存在しているのである。

　要するに、中国史の記載によれば、中国の建国は四千年の太古に遡ることが出来る。中国史や五経の記事によると、中国人が四千年前に国家を形成した時には、既に言語を持ち、文字を発明し、思想を創造して、それを伝達する技術すら獲得していた。それ故、中国の社会構成は、その国家構成の起源、すなわち四千年よりさらに太古に遡ることができるのである。ヨーロッパ文明が中国文明よりも遙かに遅れていることは否定できない事実である。

付記
　本稿を書くにあたって、多くの先学の著書や論文のお世話になりました。ここで注釈とお名前は一々あげられないが、本稿の完成にあたりあらためて敬意を表する。執筆にあたって、参考にした著書をあげておきます。参照していただければ幸いです。

参考文献
熊月之『西学東漸与晩清社会』（上海人民出版社、1994年）
朱維錚主編『利瑪竇中文譯訳集』（復旦大学出版社、2001年）
雷雨田主編『近代来粤伝教士評伝』（百家出版社、2004年）
郭廷以『近代中国的変局』（台北・聯経出版事業公司、1987年）
利瑪竇・金尼閣共著／何高済・王遵仲・李申共訳『利瑪竇中国札記』（広西師範大学出版社、2001年）
ルイーズ・リヴァシーズ著／君野隆久訳『鄭和とその時代－中国が海を支配したとき』（新書館、1996年）

矢沢利彦『西洋人の見た中国皇帝』（東方書店、1992年）
後藤末雄『日本・支那・西洋』（生活社、1943年）
中溝新一編『明末支那に於ける西洋学術紹介の偉勲者』
朱静編訳『洋教士看中国朝廷』（上海人民出版社、1995年）
山田謙吉『徐光啓 附徐家匯天主堂』（東亜同文書院支那研究部）
何芳川・万明共著『古代中西文化交流史話』（商務印書館、1998年）
白坂義直『南洋政治地理考』（田中誠光堂、1943年）
木村英造『大航海時代の創始者－航海者エンリケ伝』（青泉社、1971年）
桜井由躬雄『東南アジアの歴史』（放送大学教育振興会、2002年）
ギャヴィン・メンジーズ著／松本剛史訳『中国が新大陸を発見した年』（ソニー・マガジンス、2004年）
松浦章『中国の海商と海賊』（山川出版社、2003年）
青木康征『海の道と東西の出会い』（山川出版社、2001年）
寺田隆信『中国の大航海者－鄭和』（清水書院、1988年）
宮崎正勝『鄭和の南海大遠征－永楽帝の世界秩序再編』（中公新書、1997年）
馬歓著／小川博訳注『瀛涯勝覧』（吉川弘文館、1969年）
マルコ・ポーロ／青木一夫訳『東方見聞録』（校倉書房、1960年）
マルコ・ポーロ／愛宕松男訳『東方見聞録』（一）（二）（東洋文庫、平凡社、1970・71年）
厳従簡『殊域周咨録』（中華書局、1993年）
小川博編『中国人の南方見聞録』（吉川弘文館、1998年）
于語和・庾良辰編『近代中西文化交流史』（山西教育出版社、1997年）
長與善郎『大帝康熙－支那統治の要道』（岩波新書、1938年）
間野潜龍『康熙帝』（人物往来社、1967年）
呉伯婭『康雍乾三帝与西学東漸』（宗教文化出版社、2002年）
李志軍『西学東漸与明清実学』（四川出版集団巴蜀書社、2004年）
左歩青選編『康雍乾三帝評議』（紫金城出版社、1986年）

日本はどう書かれているか
― 高校歴史教科書を読む
（中華民国の成立から西安事変まで）―

大沼　正博

1．はじめに

　一衣帯水の関係にある日本と中国の間にさざなみが立ち始めると、日本側で必ず湧き上がる中国に向けられる批判のひとつが、中国の「反日教育」が中国の若者たちに、不必要で過度な反日感情を醸成させているというものである。「不幸な」日中戦争の時代をみずから体験していない若者たちに、学校教育の場で「反日」の思想、感情が植え付けられるばかりで、戦後、平和主義の下で経済的に繁栄を遂げた、自由で民主的な国家である日本の、現在の本当の姿を教えられることがない。その結果として、歪められた日本像を抱いた若者たちが反日の行動に走るのだ、というのが批判の言わんとするところであろう。そして、この主張に同調する日本人も多いようである。

　批判の論理のこうした進め方は、問題をあまりにも単純化させているのではないかと考えられるので、こういう意見に同調することはできない。さらには、こういう批判の主流の中に極端な日本の正当化、その反面の中国敵対視へもつながりかねない萌芽を見るようで、危惧を覚えさえする。批判を日中双方にとって有益、有効なものとするには、友好を希求するという前提、基盤がなければならない。それなくしては、相手を扱き下ろすための批判に終始して、対象を相互に高め合う有効な働きかけをすることはできないだろう。

1.1. 教科書について

　近頃中国の歴史教科書を翻訳出版する機会が続いた[1]。そこで気に懸かっていた上述の問題に関連させて、翻訳出版に関わった中国の歴史教科書の記述について、実際に内容を詳細に検討してみようと考えた。そしてまず手始めに、「反日教育」の根源と見なされる近代史を検討することにした。検討する中国の教科書は、小学校の教科書はとても簡略なものなので、ここでは高等学校の教科書を用いることにする。

　煩瑣にはなるが、教科書の中で直接日本に言及している箇所をすべて挙げてゆき、それについて検討してゆきたい。間接的に関わる箇所や、背景に日本が存在する箇所も有り得るが、ここでは基本的に直接言及される箇所に限定したい。

　教科書は原書[2]について検討するが、翻訳出版に関わった一人でもあるので、引用などに当たっては訳語など、いちいち断らないが、日本語版を大いに活用させていただくことにする。教科書の分量は原書は『中国古代史』が6章からなり208ページ、『中国近代現代史　上冊』が6章からなり152ページ、『中国近代現代史　下冊』が11章からなり178ページ、日本語版はこれを一冊にまとめて887ページである。体裁は各章がいくつかの節に分かれ、さらに節がいくつかの項目に分けられている。記述は基本的要求の本文と説明、補充、発展、分析の閲読部分に分かれ、各章に国内、国際的背景などを説明する序文が付けられている。文献資料、地図、挿絵、写真、表などが添えられてあり、各節の終わりに練習問題、「史料の閲読と考察」がある、というのが基本的な構成である。

　なお、検討は教科書の記述の構成の順序に従って行ってゆくことにするが、紙幅の関係からこの小論では、中華民国の成立から抗日戦争勃発直前の西安事変までの時期のみを扱うことにする。他の時期については稿を改めて検討することにしたい。

2. 中華民国の成立から満州事変まで

2.1. 『中国近代現代史　上冊』「第3章　ブルジョア階級民主革命と清朝の滅亡」

　この章の序文には、日露戦争が中国の領土内で戦われて日本がロシアを破り、日本の侵略の勢いが中国の東北地方へと拡大したことが述べられている。そして、この戦争は19世紀末から20世紀初めにかけて、各帝国主義国家が中国への経済侵略を強化するために激烈な争奪と競争を展開した結果であったと書く。

　この教科書の日露戦争に関する記述はこの箇所のみであり、この章の本文にも触れられていない。『中国近代現代史　上冊』巻末の「中国近代現代史大事年表（上）」にも、したがって記載がない。ついでながら、この教科書と同じ『世界の教科書シリーズ』の一冊として翻訳出版された中国の小学校、中学校の歴史教科書にも日露戦争に関する記述はない。[3)]

　日本の現代史からは落とすことのできないこの日露戦争が、中国の教科書で触れられない理由を探る材料として、中国人の日露戦争の評価、因縁についていくつかの例を見てみよう。

　孫文は1925年3月12日北京で逝去する前に、広州から上海、日本経由で北上する途次、1924年11月28日、神戸で「大アジア主義」という有名な演説をおこなった。その最後に述べられた「今後日本が世界文化の前途に対し、西洋覇道の鷹犬となるか、或いは東洋王道の干城となるか」と、日本国民に選択を投げかけた問いかけはよく知られるところである。

　この演説では、日露戦争で日本がロシアに勝ち、日本人がロシア人に勝ったことが、「最近数百年間に於ける亜細亜民族の欧州人に対する最初の勝利であ」り、「日本の勝利は全亜細亜で影響を及ぼし、亜細亜全体の諸民族は皆有頂天になり、そして極めて大きな希望を抱くに至った」と

讃えている。それに続けて、日本の同盟国であるにもかかわらず、ロシア人と同じ白人種であるイギリス人たちが日本の勝利に眉を顰めていた、そのイギリスからアジアへの帰途スエズ運河を通る時に、沢山のアラビア人が孫文が黄色人種であるのを見て、「非常に喜び勇んだ様子で」「お前は日本人か」と尋ね、日本の勝利を東洋民族が西洋民族を打ち破ったと見做し、自分たち自身の勝利と同様に見て、小躍りして喜ぶべきことだと語った、という挿話を紹介している。

　この演説で語られていることは当時の日露戦争における日本の勝利の、かなり広範囲にわたったひとつの受け止められ方を示していると考えられる。このような評価を誇らしく思い当然と考える日本人は多くいるだろう。けれども、「東方の文化は王道であり」、「王道は仁義道徳を主張するものであり」、「仁義道徳は正義合理によって人を感化するものであ」るが、一方、「西方の文化は覇道であり」、「覇道は功利強権を主張するものであり」、「功利強権は洋銃大砲を以って人を圧迫するもの」と断じて、東方の王道の擁護者になることを孫文が期待する日本、日本人への配慮が、全く働いていないとは言えないかもしれない。[4]

　次に、医学を志して日本へ留学した魯迅が文学へ転向したきっかけを説明する、よく知られている『吶喊』「自序」の挿話も日露戦争に関わる。微生物の講義の余りの時間に見せられたニュースの幻灯画片に、ロシア人のスパイを働いた見せしめとして日本軍に首を斬られる中国人を、みな屈強な体だが薄ぼんやりした表情で見物している中国人たちが取り囲んでいる。それを見た魯迅は愚弱な国民は体格が健全で長生きしても、せいぜい見せしめの材料と、その見物人になるだけだと悟り、最初になすべき任務は彼らの精神を改造することであり、それには文芸が第一だと考えたのである。同じ挿話が『朝花夕拾』「藤野先生」にも語られる。[5]

　ここでは、日本がアジアの代表としてヨーロッパの大国ロシアに勝利したという、孫文が指摘したような日露戦争の性格には全く関心が払われず、むしろ、中国人のあるべき姿を内省的に問いかけて、自分の果た

すべき役割を真摯に模索する姿がある。幻灯に映し出された光景がたまたま日露戦争に関わるものだったに過ぎない、ということもできよう。久しぶりに姿を目にした同胞たちの現れる場面が、たとえ日露戦争ではない他の場面であったとしても、医学から文学への転向を魯迅に促す影響を、その場面に現れる同胞たちが与えることは十分に可能であっただろう。その意味に限れば、日露戦争は魯迅への影響力を持つことはなかったと言えよう。

秋瑾は日露戦争に出陣する兵士を、日本人が軍楽を演奏し、老若男女が小旗を振って送り出す光景を見て感動し、日本人が心を合わせて軍人を貴ぶことに日露戦争の勝因を見い出だし、他方、中国では兵卒を軽蔑することと引き比べて嘆いている。また、出征する日本の軍人を送り出す隊列の後ろを中国の商人が恥知らずについてゆき、爆竹を鳴らし万歳を叫ぶ姿を見て、腹立たしく、悔しく、恥ずかしいと書いている。前半は孫文の、後半は魯迅の感慨に繋がるものである。また、章炳麟はインド人の、日露戦争以来、日本人の傲慢は甚だしくなり、東方の大国は自分だと思っているという言葉を紹介している。[6] これは日露戦争勝利後の日本人の、望ましくない方向への変化を指摘している。

日露戦争で清朝は局外中立を宣言した。けれども、ポーツマス条約調印後、日本は外相を訪中させて、条約による利権譲渡を清朝に確認させた。[7] 戦争は日本とロシアの利権争いであったが、ロシアから譲渡された利権が中国の領土内のものだったからである。この事実が日露戦争の性質と、中国との関係を如実に示していよう。

この教科書に日露戦争が書かれない理由は推測するしかないが、何よりも中国の領土内で戦われたとはいえ、中国自身は戦争に参加する直接の当事者ではなかったことが挙げられよう。中国にとって非常に屈辱的な事態ではあれ、この戦争の性格はロシアの利権が日本の手に移ったということに尽きる。さらには、「開戦以来、中国の立憲派や革命派は、自国領内で戦われていたこの戦争を傍観せざるをえなかったみずからの無

力に屈辱感を抱き[8]」というような心理状態がもちろん影響しているだろうが、それは付随的な理由に過ぎないように思われる。けれども、この教科書に日露戦争の記述がないということ自体が、中国の日露戦争に対する評価を反映していることは間違いないだろう。

やはり中国が戦争の直接の当事者ではなく、この戦争では利権の譲渡が重要と考えるからか、日本の高校教科書にも日露戦争の記述で戦場、利権のほかは、中国への言及は特にないようだ。[9]

2.1.1.「第4節 中華民国の成立と清朝の滅亡」

「『厳正中立』と『南北議和』」の項目では、辛亥革命の武昌蜂起勃発後に日本が清政府に武器を売却する契約を結び、清政府が革命軍を弾圧することを支持したと記す。閲読部分では、日本のワシントン駐在代表が、この情勢を発展するに任せれば、通商に悪影響するばかりか、義和団の乱のような排外運動が爆発するだろうと、アメリカ政府に表明したと記す。「1917年の中華民国の形勢図」の中では、台湾に「日本占領」と括弧付きで書かれている。

「袁世凱革命の果実を簒奪する」の項目の閲読部分では、袁世凱が辛亥革命の果実を簒奪することを支持して英、米、独、日の軍艦が長江を航行して武力を誇示し、露日両国が中国東北に駐屯集結して命令を待ち、さらにそれらの国々が南京臨時政府を承認せず、袁世凱の南北統一をもって中華民国の承認の条件とし、税関収入を南京臨時政府に渡さずにその財政、軍事費を極度に困難なものにしたと記す。

第4節の練習問題では帝国主義が辛亥革命に対して中立を厳守しなかった説明の選択肢として、日本の清政府に対する武器売却の契約が挙げられている。

この節では帝国主義列強が辛亥革命に反対したことが書かれているが、日本が特に突出して書かれている訳ではない。練習問題の他の選択肢には長江に外国軍艦が集まったこと、各国公使団が税関収入を押えたこと、

清政府に袁世凱起用を要求したことが挙げられ、国名が示されているのは日本だけだが、特に突出しているとは感じない。しかし、辛亥革命と孫文は善、袁世凱は悪、という二分法の歴史認識でこの教科書が書かれているのだから、辛亥革命に反対し袁世凱を支持した帝国主義列強が、強い否定的な評価を与えられていることは間違いない。

「形勢図」の中で台湾に「日本占領」と書かれるのは、このあとに出てくる地図についても同じであるが、そのことが読者にどの程度に意識されるのかは分からない。繰り返し出ることによりかなり鮮明な印象を残すのか、或いはそれほど意識されることがないのか、読者の関心、注意力の差によっても結果はことなることであろう。

2.2. 「第4章 北洋軍閥の統治」

章の序文には辛亥革命勃発後、帝国主義列強は中国の政局の動揺に乗じて侵略を強化し、とりわけロシアの外モンゴルへの侵略、イギリスのチベットへの侵略、日本の山東への侵略はもっとも厳しいものだったと記す。

「第1節 北洋軍閥統治の成立」の「袁世凱皇帝を称する」の項目には、第一次世界大戦が勃発して欧州列強が東方を顧みる暇のないことに乗じた日本が、侵略を強化し中国独占を企てたことを言う。日本は1914年秋に山東に派兵侵入してドイツに取って代わろうとし、ついで、袁世凱が皇帝になることへの支持を条件に中国を滅亡させる「二十一カ条」を提出し、これに対して1915年5月9日に袁世凱は、第5号の内容をさらに議論するとした外はすべて受け容れた、これが「五九国恥」であると記す。

そして「二十一カ条」の主内容を列挙する。一、日本はドイツの山東における権力を引き継ぎ、拡大する。二、日本の旅順、大連、南満州鉄道、安奉鉄道租借の期限を99年とし、東三省南部と内蒙古の日本の特殊権益を承認する。三、漢冶萍公司を中日合弁に改める。四、中国沿海の

港湾、島嶼を他国に租借、割譲しない。五、日本人を政治、軍事、財政の顧問に招聘し、警察行政と兵器工場は中日合弁とする。

閲読部分では、「二十一カ条」が実際には中国を日本の独占的な植民地に変えようとしたと述べ、日本駐華公使日置益が「二十一カ条」を渡すとき袁世凱に、交渉で誠意を見せれば袁世凱が帝位に就くことを日本は希望すると言い、袁世凱は帝位に就きたいあまり日本の支持を求めて国家主権を売り渡したというエピソードを記す。また陸徴祥と日置益の調印の写真が添えられている。

「護国運動」の項目では「護国運動形勢図」の台湾の場所に日本占領と括弧付きで書かれている。

第一次世界大戦のどさくさに紛れて、日本が火事場泥棒的に「二十一カ条」を突きつけたことは、非常に邪悪な印象を植え付けることになると思われる。「中国を滅亡させる」という形容をかぶせて、「二十一カ条」の内容を詳細に紹介し、しかもその内容が形容の言葉にぴったりそのものなのだから、印象はいやがうえにも強いものになるだろう。さらに辛亥革命の成果を横取りした袁世凱の皇帝擁立を交換条件としたことは、歴史の進歩を逆行させる手助けするのだから、悪印象をいっそう強めることになる。「五九国恥」という痛切な呼称には、中国人のもろもろの感情のすべてが集約されているのではないだろうか。

この章の序文にロシア、イギリス、日本の三国を列挙して最も厳しい侵略と言い、第3節にはそれぞれの国別に項目を立てて侵略の詳細を書いているが、やはり三国が同じ様に脅威であるとは言え、日本が突出してしまう印象を強く受けるのは、過敏に過ぎるのだろうか。ロシアが外モンゴル、イギリスがチベットという、いわば辺境を侵略したのに対して、日本が侵略したのが中国本土の山東省であることも、その対比をいっそう際立たせることになったかもしれない。「二十一カ条」がもたらした「国恥」は、非常に重いものと言わざるを得ないようだ。

2.2.1. 「第2節　軍閥割拠下の中国の政局」

　「軍閥割拠の局面の形成」の項目の閲読部分には、皖系軍閥が、日本帝国主義の支持の下で勢力が日増しに拡大し、北京政府と数省の地盤を支配したことと、張作霖の奉系軍閥が、日本帝国主義の扶植下で直皖両系の間で全局面を左右する勢力になったことを述べる。張作霖に付けられた注には日本帝国主義に支持されて長期にわたり東北を占拠したこと、1928年、瀋陽付近の皇姑屯で日本の関東軍により爆死させられたことを記す。「主要軍閥割拠形勢表」には軍閥を扶植した帝国主義国家の欄に、皖系、奉系それぞれに日本と記されている。「北洋軍閥割拠形勢図」には台湾に日本占領と括弧付きで書かれている。

　「短かった張勲復辟」の項目では、第一次世界大戦勃発後、日本が借款を条件に段祺瑞政府に参戦を促して中国支配を強化しようとしたこと、段祺瑞も参戦を名目に日本の借款を利用して皖系の勢力を拡充したこと、アメリカは日本が中国で独占的地位を得ることを防ぐために、総統黎元洪を支持して中国の参戦に反対したことが述べられる。

　また閲読部分では、対独宣戦問題と米日両国の干渉が、ついに段祺瑞と黎元洪の対立を白熱化させたと記す。

　軍閥が割拠して内戦を続けたことが人民に深刻な災いをもたらした、と本文に書かれていることを考えれば、軍閥に肩入れしてそういう情勢作りの一端を荷った日本に対する評価も、それに従わないわけにいかない。御用済みの張作霖をいとも簡単に爆死させた独善性は、いっそう評価を悪くするだろう。中国支配を強化という表現も肯定的な評価に基くものではない。日米の対立も中国における利権を争ってのことと捉えられている。

2.2.2. 「第3節　帝国主義の中国侵略強化」

　節の序文では、辛亥革命勃発後、帝国主義列強、とりわけロシア、イギリス、日本などは中国の政権交代の機に乗じて侵略を強化した、と書

かれる。この第3節は「ロシアが外モンゴル独立を策動」「イギリスのチベット侵略活動」「日本の山東侵略」の三つの項目から成っている。

「日本の山東侵略」ではまず、第一次世界大戦前には中国は基本的に英、露、米、仏、独、日の六大列強の連合支配下にあったが、大戦勃発後、英、露、仏、独が欧州戦局に忙殺され東方を顧みる余裕がないことに日本が便乗して、侵略を拡張し中国を独占しようと企図したと述べる。閲読部分では、甲午戦争後日本は中国東北部では侵略的優位を獲得したが、関内では英、独、仏、米、ベルギーなどの列強の経済特権に大きく劣ったので、第一次世界大戦を絶好の好機と捉えて、その戦局の拡大を渇望したことが書かれている。

そして対独宣戦を名目に日本が陸海軍2万余を派遣して山東に上陸、済南駅などの「交戦地区」以外の広大な地域を占領し、次いで英日連合軍が青島を占領し、膠州湾がドイツから日本の手中に移った経過を書く。青島占領時の写真も掲載している。「交戦地区」の注では、日本駐華公使日置益が北京政府に黄河以南を「中立外区域」に区画し、日本軍が任意に地点を選んで上陸する便とするように要求したこと、日本のほとんど山東全省を含むような無理な要求は、膠州攻撃に必要な範囲をはるかに超えていたので、国内外の非難にあったと記す。青島攻撃の注では、10月末英日連合軍が青島の独軍に進攻し、ドイツ総督が日本に護送されたと記す。

この閲読部分では、日本軍は到るところで強姦略奪、中国民衆の虐殺をほしいままにした、日本軍副司令官が交戦地区の人に日本軍のために尽力することを要求し、逆らうものは処罰する、日本占領区の成人は水を担ぎ柴を拾うよう命令した、婦女は迫害を避けほとんどが逃げたと書いている。日本は侵略占領した事実を法的に確定しようと「二十一カ条」を提出し、その第1号は日本が山東で獲得したすべての権利を承認し、拡大することを要求するものであり、袁世凱はこれを受け容れたと記す。後を継いだ段祺瑞は大量に日本から借款して実力を強化し、軍隊の山東駐留などの日本の侵略的要求に「喜んで同意」したと記す。

この項目の資料として日本軍が山東省平度で貼り出した5項からなる布告を示している。その内容は、日本軍の行動を妨害する者、電線を破損する者は斬罪、この罪人を捕らえたり、密告する者は重く賞す、罪人をかばえば近隣の者皆厳罰、村に一人罪人がいれば村人全員斬罪に処す、である。

　第3節末の練習問題には、第一次大戦前に中国を支配した六大列強の組み合わせを選ぶ選択問題で、4つの選択肢に日本の入った組み合わせが3つある。文章問題には、日本が北洋軍閥政府を脅迫して山東を武力侵略した事実を、法律的形式で確定させた経過を答えさせるものがある。

　この節では、日本が遅れをとっていた関内で経済特権獲得を挽回するために、絶好の好機として第一次世界大戦に便乗して山東のドイツの権益を奪ったことを詳述するが、「便乗」にしても、ドイツの権益を奪うことにしても、否定的な印象しか残さないだろう。さらには、この侵略占領が「二十一カ条」の無理な要求に繋がるわけであるからなおさらである。そして、要求を受け容れた袁世凱、段祺瑞の評価はもとより低い。日本は彼らと同じ穴の狢である。日本が戦争時に北京政府に無理な要求をしたこと、日本軍が強姦、略奪、虐殺をしたこと、交戦地区人民への無体な命令、布告の内容など、どれも良い印象を与えることは到底できないものである。英日連合軍が青島を占領するのだが、イギリスの影はそれ以外では全く消えてしまい、すべては日本の行為に過ぎないものとなっている。

2.2.3. 「第4節　中国民族資本主義の更なる発展」

　「歴史的背景」の項目の閲読部分では、欧州の主要な帝国主義国家が第一次世界大戦の期間、中国への圧力を一時緩めたが、政治経済的勢力が退いたわけではなく、同時に日本、米国が機に乗じて対中侵略を拡大し、日本が中国へ輸出した商品総額は1912年には僅かに白銀9000余万両だったが、1919年には2万4000余両に増加したこと、日本と米国の中

国での経済拡張が帝国主義国家の中国での侵略勢力の割合を変え、辛亥革命前には第6位に過ぎなかった日本が1919年になると長らく首位にあった英国に匹敵するようになったことを記す。

本文では、辛亥革命前後大衆的な反帝愛国運動が起きたが、1915年の「二十一カ条」に反対する日貨排斥、国貨奨励運動は影響がとりわけ大きかったと記す。清華大学学生が日貨を排斥し焼却する写真を載せる。

「民族工業の短い春」の項目の閲読部分には、第一次世界大戦期間、中国製の小麦粉が英国、フランス、ロシア、日本、東南アジア各国によく売れたと書かれている。「民国初年の民族工業分布図」では台湾に日本占領と括弧付きで書かれている。立憲派の実業家張謇に関する閲読部分には、「日本とインドは10年以内に中国の地方で紡績機150万錘を増設する約束がある。…果たして計画のようであれば…10年後、わが国の木綿業には発展の余地があるのだろうか」という張謇のかつての発言を記す。

本文には、外国資本が全国機械採鉱の75パーセントを支配し、日本資本が全国鋼鉄生産力の94パーセントを支配していたと記す。第4章末の実習「あなたは辛亥革命をどう評価するか」の中の参考論文で辛亥革命が帝制を打倒したことを評価し、二度の復辟活動を迅速に平定し、その後帝制を言い出す人はいなかったと述べる箇所の注には、偽満州国皇帝溥儀は日本の侵略者が一手に養った傀儡であり、敵偽政権に属するもので、国内の帝制復辟問題ではないと書かれている。

ここでは、第一次世界大戦を経て、日本が中国において占める経済的地位が飛躍的に高まり、イギリスに匹敵したことを書く。アメリカも同様であったが、両国ともに「対中侵略拡大」の結果であった。「二十一カ条」反対の日貨排斥運動の影響が大きかったこと、鋼鉄生産力の日本資本の支配率の高さの指摘は、日本の経済的な存在の大きさを明確に示す。経済侵略は露骨で直接的な武力侵略とは区別される面があるだろうが、それでも民族工業の発展とともに語られれば、ある種の無念さを伴なう感慨を齎すことは確実であろう。まして、この場合、経済は政治、軍事

と切り離せない関係にあるのは明らかなのだから。偽満州国皇帝溥儀は日本の侵略者が養った傀儡という記述は、日本への否定的評価に繋がるだろう。

2.3. 「第5章　新文化運動と中国共産党の誕生」

「第1節　新文化運動」「新文化運動の起こり」の項目の『新青年』を創刊した陳独秀の注に、反清活動に参加して清政府の追及に遭い、後に日本留学し同盟会に参加、辛亥革命、「二次革命」の時に国内で積極的に革命活動に参加し、失敗後また日本へ亡命、と書かれる。

「新文化運動の内容とその影響」の項目で、中国初期のマルクス主義者李大釗について閲読部分には、李大釗は早くも日本留学期間に社会主義思潮の研究に意を注いだと書かれる。

日本が政治的亡命者の逃亡先でもあったことが理解できる。しかも、政治的亡命者は多くは進歩的な人々であった。日本政府の彼らに対する思惑には一筋縄ではゆかぬ複雑なものがあったであろうが、それはそれとして、孫文などを見ても分かるように、日本が革命活動の根拠地となっていたことは重要である。中国共産党創設に重要な役割を果たす李大釗が、日本で社会主義を研究したこともまた非常に重要なことである。多くの革命家や留学生が日本で活躍した事実は、この点だけを見れば当然肯定的な日本評価に繋がっていくと考えられるが、革命家陳天華が大森海岸に投身自殺して抗議した「清国留学生取締規則」に代表されるような、日本政府の中国革命に対する妨害もあった。

2.3.1. 「第2節　五四愛国運動」

「五四愛国運動勃発の背景」の項目には、第一次大戦期間、日本、米国が機に乗じて中国への侵略を強化したが、とりわけ日本は中国侵略の最も主要な国家となり、中国人民の反帝感情は日々高揚したと書かれる。閲読部分には、段祺瑞が日本からの借款を獲得するために、袁世凱が敢

えて同意しなかった条件を受け入れて日本人を北洋軍閥政府の軍事、政治、財政顧問に招聘したこと、寺内首相がその任期内に対中借款が3倍になり、日本の中国に対する権利が「二十一カ条」の10倍以上になったと言ったことを書き、日本が経済的に中国に対する侵略を強化し、その中で紡績業が突出していると書いている。日本の中国における紡績業の発展情況の表は、紡錘と織布機の数の1913年から1919年への急増を示している。

「五四愛国運動の勃発と経過」の項目は第一次世界大戦のパリ講和会議で、帝国主義国家の中国における一切の特権の廃止、「二十一カ条」の取り消し、日本が大戦時に奪い取ったドイツの山東の特権の回収を、中国政府が提案したと書く。閲読部分には、北京の『晨報』が「外交警報謹んで国民に告げる」を発表し、「膠州が亡びた。山東が亡びた。国が国でなくなる。」と指摘し、愛国的な学生が奔走して伝え合ったこと、パリ講和会議の報告会で一学生が服を引き裂き中指を噛み破って「わが青島を返せ」と血書したこと、5月4日に北京各校学生が大デモンストレーションをすることを決定したことを書く。

資料には、外には主権を争い、中国の存亡はこの一挙にあるという「北京学界全体宣言」も示される。本文にはデモ行進した学生が「外に主権を争い、内に国賊を除け」、「二十一カ条を廃棄せよ」、「講和条約調印を拒絶せよ」等のスローガンを叫んだと書く。

五四運動の上海への波及を説明する閲読部分には、印刷工場の労働者が日本の紙で印刷することを望まないと宣言したこと、浦東一帯の港湾労働者が日本の船舶が接岸したら荷揚げをしないと全体一致で表明して、あわせてビラを配って各埠頭の労働者が確実に実行するよう忠告したこと、三友実業の労働者が拍子木を毎朝59回叩いて、同時に、お前は5月9日の恥辱を忘れたかと叫んだことを書く。

この節の末尾に付された「史料の閲読と考察」には、五四運動の中で陳独秀が起草した「北京市民宣言」を抄録するがその中には、政府へ提

出する最後で最低の要求の第1項として、対日外交は山東省の経済的権利を放棄せず、ならびに民国4年と7年の二度の密約を取消す、と書かれている。

日本が経済侵略を強化し、最も主要な中国侵略国家になったと指摘している。五四愛国運動は日本を対象とする反対運動であった。「二十一カ条」が引き起こした危機意識と反日感情は、極めて切迫したものだったのである。「北京市民宣言」を起草した陳独秀が前節に記すように、二度も日本へ亡命していることを考え合わせると、いささか憂鬱な気持ちになってしまう。けれども、こういう多面的で複雑な接触の中からこそ、本当の意味での望ましい付き合い方が生まれてくる可能性があると言うことができる。五四運動は広く中国社会の各層に広がりを持っていった運動であったので、その中で共有された日本に対する感情、評価は、その影響力は計り知れないものがあったと考えられる。

2.3.2.「第3節 中国共産党の誕生」

「マルクス主義の伝播」の項目の閲読部分に、楊匏安が1919年11月に「マルクス主義」という一文を発表したと紹介するが、楊匏安の注には1915年─1916年日本で遊学時に社会主義思潮に触れた、五四時期華南で最も早いマルクス主義宣伝者であると記す。

「共産主義小組の成立」の項目の「共産主義小組分布見取り図」では、日本の東京に「共産主義小組を創設した地点」を示す星印がつけられている。台湾には日本占領と括弧付きで書かれている。

「共産党の誕生」の項目では、「中共『一大』(中国共産党第1回全国代表大会)に参加した正式代表」の表の「留日」地区の代表氏名欄に周仏海が書かれ、閲読部分では中共「一大」参加代表が後に大きく分かれ、陳公博、周仏海らの腐敗分子は党成立後まもなく粛清されて党を出たと書く。陳公博の注には1940年汪精衛に従って日本に投降し、汪偽国民政府立法院院長、行政院院長等の職に任じ、1946年銃殺されたと書かれる。

周仏海の注には一大後に日本に留学、1938年汪精衛に従って日本に逃亡投降し、汪偽国民政府の行政院副院長等の職に任じ、1948年南京の獄中で死ぬと書く。

「民主革命綱領の制定」の項目では、1922年初め米、英、日などの帝国主義国家がワシントン会議で、共同して中国を分割する決議を行なったと書く。閲読部分では、第一次世界大戦の期間、日本帝国主義は中国への侵略を強化し、中国を独占する趨勢にあったこと、米国は日本の中国における勢力を牽制するために、米、英、仏、日、伊、オランダ、ベルギー、ポルトガル、中国の9カ国がワシントンで会議を開いたことを書く。また本文では、1922年7月中国共産党が第2回全国代表大会を開き、中国人民の前に初めて反帝反封建の民主革命綱領を明確に提出したと書く。

この節でも楊匏安が日本遊学時に社会主義思潮触れたこと、東京に共産主義小組が創設されていたこと、中共一大に「留日」代表が参加したことなど、中国の社会主義、共産主義運動と日本との緊密な関係が示されている。それと同時に汪精衛に従って偽国民政府の要職についたいわゆる漢奸の経歴が示されている。ここにも、日本の果たした役割の正負の両面性が現れている。ちなみに、漢奸になった周仏海もやはり日本留学時に社会主義に触れている。ワシントン会議は諸帝国主義の中国分割決議であり、米国が日本を牽制するものであったと書く。また、中国共産党は反帝反封建綱領を掲げたから、中国にとって最も主要な帝国主義である日本は、必然的に中国共産党にとっても反対すべき最も主要な帝国主義国家に成るわけである。

2.4.「第6章 国民革命運動の勃興と敗北」

この章の序文にはワシントン会議以後、帝国主義列強が共同して中国を侵略し、それぞれ軍閥を支持して、連合して中国革命に干渉、鎮圧を行なったと書く。「第1節 第一次国共合作の実現」の「国共合作の条件

と方針」の項目の閲読部分の最後には、廖仲愷が若くして日本に留学し、孫中山に従って同盟会に参加し、国共両党の合作実現に重要な役割を果たしたと書く。

「黄埔軍官学校の設立」の項目の閲読部分では、蒋介石が保定軍官学校で学び、後に日本陸軍士官学校に学んで、日本で同盟会に加入し、孫中山に重んじられたと書く。

ここでも革命党員、国民党員と日本の密接な関係が言及される。廖仲愷の記述に関しては日本のイメージは間違いなく良いものとされようが、ここでの蒋介石の記述は、北伐に重要な役割を果たした黄埔軍官学校に関する記述の中でのものなので、それ自体は日本についてもマイナスの印象を与えるものではないと思われるが、蒋介石その人の評価はもちろん芳しいものではないので、その流れの中に置かれて見れば、ここでさえも日本のイメージは、或いはそれ程良くはとられないのかもしれない。

2.4.1.「第2節 国民革命の起こり」

「孫中山の北上と国民会議運動」の項目の閲読部分では、1924年11月、孫中山が上海から日本経由で北上し、神戸で記者に接見して、統一が中国全体国民の希望である、革命以来たびたび混乱が発生するのはみな各国が一派の武人を援助して、その野心を逞しくさせた結果である、ゆえに中国を擾乱する外国勢力を排除しなければ、中国の統一和平は絶対に不可能であると言ったこと、帝国主義が孫中山の北上を非常に恐れて、一方では外国と締結したすべての不平等条約を厳守するよう段祺瑞に要求し、一方では孫中山が上海、天津などの租界に居留することを許さないと言いふらしたと書く。なお、上述した「大アジア主義」の講演には触れていない。

「五・三〇反帝愛国運動の高揚」の項目には、1925年、各地の労働者は次々とストライキをおこない、帝国主義の侵略に反対した、日英などの帝国主義はストライキをおこなった労働者を残酷に弾圧したと書かれる。

また五・三〇事件（「事件」は原文では「惨案」）発生後、ストライキを指導した上海工商学連合会の提出した談判条件の中に英日軍隊の上海からの永久撤退が含まれていることを書く。

中国の混乱は各国が軍閥を支持するためで、外国勢力の排除なしに統一和平は不可能、と孫文が断定し、その孫文を外国が迫害するのだから、各帝国主義の評価はもちろん否定的になるだろう。また、五・三〇事件を残酷に弾圧した英日の軍隊の永久撤退が求められ、英日への反感は否応なく高まると考えられる。

2.4.2.「第3節　国民革命の発展」

「直奉軍閥の連合と『三一八』事件（「事件」の原文は「惨案」）」の項目の閲読部分には、日本が張作霖を擁護して国民軍に進攻し、軍艦を大沽口に進めた、国民軍が日本艦に警告を発すると日本艦は国民軍に向けて発砲し多数の人を死傷させ、国民軍は迫られて反撃した。日本は英、米、仏など8カ国公使を招集して北京政府に最後通牒を出し、国民軍の軍事活動停止、大沽口の軍事防衛撤去を48時間以内に回答するよう要求したと書く。そしてこれに反対する群衆の請願を段祺瑞政府が弾圧したのが「三一八」事件であると書く。

「北伐軍の勝利の進軍」の項目の「北伐戦争形勢見取り図」では、台湾に日本占領と括弧付きで書かれている。第3節末の練習問題には、国民革命軍の北伐の主な対象、およびそれが依拠している帝国主義を答えさせるものがあり、帝国主義がどのように中国革命に干渉したかを答えさせる文章題がある。

中国の和平統一問題を相談するために、孫中山に北上を懇請した馮玉祥の国民軍への攻撃は、日本への反感を強めるだろう。「三一八事件」の群衆弾圧の背後に8カ国がいたことも、外国に対する反感を強めることだろう。「三一八事件」については魯迅が、事件で殺された学生を記念した文章など一連の文章を発表しているが、そのひとつ「花なきバラの二」

には「墨で書かれた虚言は、血で書かれた事実を隠すことはできない。」「血債はかならず同一物で返済されねばならない。支払いがおそければおそいほど、利息は増さねばならない。」という言葉があり、末尾に「三月一八日、民国以来のもっとも暗黒なる日に記す」と付されている。こういう文章の与える影響は十分に考慮されなければならないだろう。北伐の対象となっている軍閥を帝国主義国が援助していることや、帝国主義が中国革命に干渉した事実を確認することは、帝国主義の否定的な印象を形成するだろう。

2.4.3. 「第4節 国民革命の敗北」

「帝国主義の干渉」の項目には、北伐戦争の勝利の進軍に帝国主義は恐慌をきたし、北伐軍が江蘇、浙江に進軍すると、英、米、日などの帝国主義国家は軍艦を上海に派遣して武力干渉すると言いふらしたと書く。閲読部分には英、米が艦隊を上海に送り、英国駐華大使が日本駐華大使に各国が共同して上海を防衛する建議を提出したと書く。

「『四・一二』『七・一五』反革命クーデター」の項目では、蒋介石が革命運動を鎮圧するとともに、迅速に日、英、米などの帝国主義及び各種の反動勢力と結んで、反革命クーデターの準備を強化したと書く。

英、米、日と並べられているが、北伐戦争に反対するのは否定的な評価を受ける。共産党を弾圧し、国共合作を破棄したふたつの反革命クーデターと結び付けばなおさらである。このことにより、第一次国共合作が全面的決裂に終わり、大革命は失敗に終わったと、後の項目の本文では指摘しているのだから。

2.5. 『中国近代現代史 下冊』「第1章 国共の10年の対峙」

この章の序文は、当時アメリカと日本は中国を奪い合う主要な競争相手であった。有利な地位に立っていたアメリカは自身の中国侵略の権益を保障し門戸開放政策を堅持する前提で、日本の中国侵略政策に対して

宥和政策をとった。日本は本国の経済危機の苦境を脱するために「大陸政策」の実行を強化し、1931年、中国の東北三省を占領し、南下して侵略を続けたので、中国と日本の民族矛盾が高まった。日本が中国侵略を強化すると、日米の矛盾が激化し、アメリカは宥和から抑制に転じたと書く。「大陸政策」の注には、「明治維新」以後、支配集団が制定した、中国を滅ぼし、アジアにひとり覇を唱え、世界を征服しようというでたらめな侵略政策と書かれる。

中国の利権をめぐる日米の競争と妥協がなされたこと、日中の民族矛盾の高揚と、日米の矛盾の激化が、日本の満州占領と中国侵略の強化によって引き起こされたこと、つまり矛盾の激化の原因が日本にあることが指摘される。また、「大陸政策」からも日本の独り善がりが見て取れる。日本の中国侵略が今に始まったものではなく、周到な配慮に基づくものと指摘されているのである。

2.5.1.「第1節 国民政府前期の支配」

この節は全節が閲読用になっている。

「国民政府全国支配を樹立」の項目には日本に関して次の内容が記されている。大革命失敗後政局が混乱を極めた当時にあって、イギリス、アメリカ帝国主義は寧漢合作を促進して、日本帝国主義が支持する奉天系軍閥張作霖を攻撃することを望んでいたが、蒋介石はまず武漢攻撃を望み日本帝国主義の目論見と一致した。しかし、この目論見に従う者はなくイギリス、アメリカの支持も得られなかった。1927年8月、下野した蒋介石は9月、日本に赴き三つのことをした。1、ちょうど日本に滞在していた親米の宋氏の家長に宋美齢との結婚の承諾を得た。2、日本の支持を取り付け、日本は巨額の借款を蒋介石に与え彼の反共を支持した。3、アメリカの駐日特使と密約し、アメリカは蒋介石の政権再掌握、中国統一を支持し、蒋介石はアメリカの中国での権益とその発展を保証した。

次いで蒋介石の政権再掌握後再開された北伐部隊が済南を占領した箇

所で、日本帝国主義は北伐を阻止するために、済南へ出兵占領し欲しいままに中国兵や人民を虐殺し、「済南惨案（済南事件）」を引き起こした。蒋介石は部隊に済南を撤退し回り道しての北伐継続を命令した、と書く。さらに、日本侵略者は張作霖がその侵略的要求を満足させることができないので、皇姑屯で爆死させた。日本は張作霖の子の張学良に東北の「独立」宣言を迫った。張学良は一身に国の恥と家の仇とを背負って、日本帝国主義の圧力に耐え、1928年末、全国に公開電報を打ち、国民政府に服従し、改旗易幟すると宣告したと書く。「日本軍が済南を占領した後、捕虜になった中国兵を後ろ手に縛っている様子」の写真が載せられている。

「国民政府支配前期の経済」の項目には、1931年から1935年までソーダ工場は国内の需要を満足させたほか、さらに日本、朝鮮などに輸出されたソーダ類の製品が毎年10余万担あった、と書く。1928年、日本は各国の対中商品輸出のなかで第一位を占めた、1931年になると、アメリカが第一位に踊り出た、と書く。

日本は蒋介石が復権するための足場固めの舞台を提供した。しかしその三つのことはすべて蒋の反共を支えるものである。日本が巨額の借款を与えた蒋介石の北伐に、済南で干渉するのは矛盾しているが、蒋介石は否定的評価であるから、それへの支持は否定的評価、北伐は肯定的評価だから、それへの干渉は否定的評価になる。どちらの関わりについても肯定的評価にはならない。

済南事件と張作霖爆殺は日本軍の残虐さと身勝手さを示す。日本の行動が張学良を国民政府につかせたと言えよう。張学良は国の恥と家の仇とを一身に背負ったのである。1931年にアメリカが日本を抜き第一位になったことが、国民政府との密接な関係を示すと本文に書かれている。

2.5.2.「第2節『労農武装割拠』の形成」

「労農武装蜂起」の項目の閲読部分には、広州蜂起でコミンテルン代表が退却を認めない誤りを犯した結果、アメリカ、イギリス、フランス、日

本帝国主義の砲艦に掩護されて、張発奎が反革命の軍隊5万余人を集中させて広州を攻撃し、蜂起は失敗したと書く。「井岡山の小さな火」の項目の「1929年～1932年農村革命根拠地の見取り図」では、台湾に日本が占領と書かれている。

他の三国と併記の形だが、日本が広州ソビエトの失敗に加担したことが書かれる。地図については前述通り。

3. 満州事変から抗日戦争まで

3.1. 「第3節　九・一八事変（満州事変）と抗日救国運動の始まり」

この節は当然のことながら節全体が日本に関わる記述と言うことができる。節全文を取り上げるわけにはいかないので、日本が直接名指されている箇所を掻い摘んで挙げてゆくことにする。ちなみにこの節は原書では、本文、閲読、資料、写真、表の部分が5ページ、末尾の練習問題が4分の3ページ程を占めている。翻訳書ではそれぞれ8ページと1ページを占める。

3.1.1. 「九・一八事変」

この項目は、日本は以前から中国の領土をよだれが出るほど欲しがっていた、1927年6月、日本の首相田中義一は「東方会議」を主宰して、「満州を中国本土から分列させて、おのずから一区となし、日本の勢力下に置く」という侵略方針を確立した、と書き出す。世界的経済危機が波及し極端な困難に陥った日本は、中国の東北を侵略する戦争を起こして国内人民の視線をそらし、階級矛盾を緩和し、あわせて中国の富を略奪して経済危機の痛手を癒そうとする。国民党政府が紅軍包囲殲滅に全力をあげていたことも日本へ付け入る隙を与えたと書く。

そして、日本の関東軍は南満州鉄道の軌道を爆破しながら中国軍に罪をなすりつけ、東方軍駐屯地を砲撃し、瀋陽を占領して「九・一八事変」を引き起こした。蒋介石は張学良に不抵抗を命じ、半年経たずに東北三省は日本軍の手に落ちた。日本は清の廃帝溥儀を傀儡にして偽満州国を建て、東北三省は日本帝国主義の植民地に転落したと書く。資料には東方会議後田中首相が、満蒙を滅ぼし中国領土を征服する便とするとの明治大帝の遺策第三期がまだ実現していないと、天皇に密奏したことをあげる。掲載された写真は日本軍が東北軍駐屯地を砲撃しているものである。

閲読部分では、国民政府の求めによる国際連盟調査団が、中国の九・一八事変以前の原状回復も日本の偽満州国を維持し東北に一人覇を唱える要求も承認せず、「国際協力を最善の解決とする」と主張したのは、国際協力の名の下に東北三省を帝国主義列強が共同管理する植民地に変えると言うのだ、と書いている。

ここでは、日本の「満州」侵略は世界的経済危機の波及による困難を打開する目的を持つ、国内問題を対中問題に転嫁したものであると同時に、他方では、早くから決定されていた日本の中国征服の国策に沿って行なわれたものでもあると指摘する。戦端は関東軍の謀略によって開かれた。開戦の意志と責任はすべて日本にあるわけである。したがって、日本に対する評価は否定的なものにしかなりようがない。また、中国にも容易に日本に付け入らせてしまった原因があったと反省点を指摘し、東北が簡単に占領されてしまったのは蒋介石の不抵抗主義のせいだと批判する。国際連盟調査団に対しても批判をしている。

3.1.2. 「一・二八事変（第1次上海事変）」

この項目では、日本帝国主義の侵略に対し、国民政府は不抵抗政策を実行したので敵を増長させた。1932年1月28日、日本軍が上海を攻撃するが、国民党第十九路軍は愛国将領蔡廷鍇、蒋光鼐の指揮下に敵を撃退し、日本軍に指揮官を三度変えさせたと書く。閲読部分では、関東軍

高級参謀板垣征四郎の画策で、日本の上海駐在公使館武官と女スパイが、上海三友実業門前で「日本人僧」殴打事件を起こさせ、日本が「居留民保護」を口実に多数の軍艦、飛行機、装甲車と海軍陸戦隊を派遣し、日本領事館は国民党上海市政府に、日本に謝る、犯人を懲罰する、損害を賠償する、抗日救国会を取り締まるなどの無理な要求をし、国民党上海市長呉鉄城が、蒋介石の不抵抗政策を受けて要求を承知したが、日本は満足せず閘北の日本人居留民保護を口実に、28日深夜派兵して上海攻撃を開始したと書く。
　閲読部分はさらに、日本軍2000人余りが装甲車に援護されて猛攻した薀藻浜で、十九路軍の兵士が爆弾を腰に巻きつけて敵陣へ突入し、日本軍を全滅させたと書く。次に本文は、上海の軍人と人民の抗戦が日本軍の侵略拡大を一時困難にしたが、国民政府はそれを支持せずに日本と「淞滬停戦協定」に調印し、中国軍は上海を撤退し、日本軍は「しばらく駐留できる」と規定したと書く。「十九路軍が閘北で日本軍に反撃する」写真が載せられている。資料は、各人がその財産を出し、各人がその体を捧げ、日本帝国主義者と最後の決戦をする、長白山と黒龍江をことごとく鮮血の地と化すとも、漢民族と倭人めがともに黄海の岸に立つことを願わず、という東三省各界連合会の宣言を挙げる。
　ここでは「満州」への列国の関心を逸らせるために、日本軍部が謀略を仕組んで口実を作り、上海事変を起こした経過が詳細に語られる。日本軍の出した「無理な要求」も列挙されている。日本軍に反撃した十九路軍が英雄的に描かれ、東三省各界連合会の宣言は、断固とした決意を述べている。ここには妥協の余地は見つけられない。日本が自らの利益のみを追求し身勝手に起こした戦争は、中国人民に固い決意を促した。それが十九路軍の激しい抵抗に表れたのであり、本文には、上海の人民は勇躍して十九路軍を支援したと書かれている。日本が目的を達成できたのは、蒋介石の不抵抗政策がそれを可能にしたのである。日本の侵略の目的、意図と謀略に弁解を許すことはできないだろう。したがって、宣

言の非常に確固とした決意の表現は、中国人民の日本評価を如実に表しているのである。

3.1.3.「抗日救国運動の始まり」

　この項目では、九・一八事変勃発後、中国共産党がただちに宣言を発表し、日本帝国主義の侵略を非難し、蒋介石の不抵抗政策を暴露して、「大衆闘争を発動して…直接日本帝国主義に打撃を与える」ことを呼びかけたこと、東北人民と東北軍が抗日義勇軍を組織し日本軍と傀儡軍に深刻な打撃を与えたことを書く。この宣言の注では、事変の翌日、中共中央が日本共産党中央と連合して「日本の東北三省占領に対する宣言」を発表したこと、さらに中共中央が9月22日に決議をおこない、9月30日に第二次宣言を発表したことを書く。

　閲読部分には、義勇軍が東北人民の組織した抗日武装隊の総称で統一的指導はなかったと書き、元東北軍の愛国的な将領馬占山が組織した「黒龍江省民衆抗日救国義勇軍」が、嫩江橋陣地の中国軍を飛行機に援護されて攻撃した日本軍4000余人に反撃して、日本軍に重大な損害を与えたことを書き、義勇軍の戦果を書く。本文には、中国共産党が多数の幹部を東北に派遣して抗日遊撃隊を組織し、中共満州委員会が各路の抗日武装勢力を、東北抗日武装勢力の核心となる抗日連軍に組織したと書き、主要な指導者として楊靖宇、周保中、李兆麟をあげる。

　次の閲読部分では、遊撃隊を改編した東北人民革命軍第一軍独立師団が、19隊の抗日義勇軍を招集して抗日連合軍を設立して、楊靖宇が総指揮に選ばれ、抗日連合軍には5000余人がいたと書く。本文では、日本帝国主義が迫ってくるのに国民政府が後退することが、愛国的民主主義者と国民党内の愛国勢力を抗日反蒋にし、1932年末、宋慶齢、蔡元培、楊杏佛らの中国民権保障同盟が上海で成立し、国民政府に政治犯の釈放、人民の抗日の民主的権利の保障を要求して、抗日民主運動の発展に貢献をしたと書く。

続く閲読部分には、偽満州国建国後、日本帝国主義が「熱河は『満州国』の土地で、長城は『満州国』の境界である」とでたらめな宣言をして、山海関、熱河省を陥落させ、長城を侵犯したことを書く。本文は、国民党の愛国将領馮玉祥と共産党員吉鴻昌が組織したチャハル民衆抗日同盟軍が多倫を取り戻し、日本軍と傀儡軍をチャハル省から追い出したが、蒋介石は「統一命令を妨害した」と中傷し、日本軍、傀儡軍とぐるになって同盟軍を挟撃し敗北させたこと、国民党第十九路軍が福建に「中華共和国人民政府」を成立させて紅軍と「抗日停戦協定」に調印したが、蒋介石は日本軍とぐるになり十九路軍を挟撃し敗北させたことを書く。閲読部分では蒋介石が福建に進攻し、日本軍に出兵を求めて呼応して中華共和国人民政府を攻撃敗北させ、名高い抗日部隊の十九路軍が解散させられたことを書く。

「東北人民革命軍が日本軍と戦闘する」写真と、「チャハル民衆抗日同盟軍が多倫を取り戻す」写真が載せられ、「東北抗日連軍の状況略表」が示されている。

第3節末尾の練習問題。選択問題はこの期間の四つの重大事件を時間順に正しく並べたものを選ぶ。文章問題は九・一八事変後、抗日救国運動が始まった状況を述べる。史料問題は、日本と戦えば3日で国が滅びると蒋介石が言ったという馮玉祥の証言、国際連盟に訴えているから日本との衝突を避けよという国民政府の全国民衆に告げる書、帝国主義に滅ぼされれば何とか生き延びられるが、共産党に滅ぼされたら奴隷にもなれない、と言う蒋介石の講演、蒋介石の代表の国民政府の密使が日本へ赴き「本土の18省の保全を保証するなら東北を譲る」と公言したことの四つの史料を示して、蒋介石と国民政府はなぜ不抵抗政策を実行したかを問うもの。

ここの記述から、抗日武装隊が統一的な指導なしに各地に自然発生したことが分かる。この事実から日本の侵略に対する中国人民の反応が理解できるし、それがまた、教科書の著者の日本評価に繋がっていくもの

であろうし、読者が下すであろう評価の結果も予測がしやすい。日本の侵略に明確に反対する中国共産党は正当性を強められ、不抵抗政策を採り続ける蒋介石は非難の対象とされてゆく。その蒋介石とぐるになっている日本は、いっそう評価を下げるわけである。日本の侵略は武装勢力ばかりでなく、民主主義者をも抗日反蒋に仕向けてしまった。日本共産党中央との協同が語られているのは、日中の協力が途絶えてないことを示したいのだろうか。

3.2.「第4節 紅軍の戦略的移動」

「蒋介石の『まず国内を平定してから外敵を打ち払う』政策」の項目では、九・一八事変後、全国人民が不抵抗政策に憤激し国民政府に内戦停止、一致して外敵に当たるよう要求したが、蒋介石は「まず国内を平定してから外敵を打ち払う」政策を持ち出して、日本帝国主義への妥協と紅軍の「包囲殲滅」の反動方針を推進したと書く。資料は「外寇は案ずるに足らず、内匪は実に心中の患いなり、もし内匪を粛清せざれば、決して外からの侮りを防ぐべからず」という蒋介石の紅軍包囲殲滅の訓話を引く。外寇の注には日本の侵略を指すと書く。

「第5次反「包囲殲滅」の失敗」の項目の閲読部分には、20世紀30年代初期、西方のドイツファシズムと東方の日本軍国主義がソ連の安全を脅かし、コミンテルンが各国共産党にドイツ、日本のソ連進攻前に本国で革命に勝利し、武力でのソ連防衛を要求していたと書く。李徳（オットー・ブラウン）の注に、一説にソ連の情報機関が彼を中国東北に派遣して日本の活動の情報を収集したと言うと書く。

「行軍の長征と遵義会議」の項目の最後に、長征の勝利の偉大な歴史的意義の第二として、陝西省北部に到達したのは3万人足らずだが、多くの闘争や試練に鍛えられた中国共産党と紅軍の精華であり、その後の抗日戦争と人民解放戦争を指導する主力を構成したと書く。練習問題の史料問題は、史料をふたつ提示して九・一八事変に際して蒋介石が採った

政策に関する問題だが、その史料には「公理をもって強権に対し、平和をもって野蛮に対し、屈辱と憤激を忍んで、しばし理不尽に逆らわない態度を取り、国際公理の判決を待たなければならない。」「この時期に高望みばかりして、抗日を言いふらし、実際の情況に基づいて匪賊を取り除かないならば、それは機に乗じて私利を図ることである」という蒋介石の言辞が見られる。

　この節では、蒋介石が日本の侵略への反撃よりも共産党殲滅を優先させたことを批判するが、その蒋介石でさえも日本の侵略を強権、野蛮、理不尽と断定し、公理、平和、国際公理と対比させていたことが分かる。結局、日本は国共どちらからも好ましい評価を得ることはなかった。コミンテルンがドイツファシズムと日本軍国主義を、社会主義の祖国ソ連への東西の脅威と考えていたこと、長征の経験者が抗日戦争の主力になったことを指摘している。

3.3.「第5節　抗日救国運動の新たな高まり」

　「第3節　九・一八事変（満州事変）と抗日救国運動の始まり」と同じく、この節も節全体が日本と関わる記述であるが、やはり掻い摘んで列挙してみる。この節は原書では本文、閲読部分、写真、資料の部分が4ページ弱、節末尾の練習問題が三分の一ページほどである。翻訳書ではそれぞれ6ページ強、半ページ弱である。

3.3.1.「華北事変（華北分離工作）」

　この項目では、1935年に日本帝国主義が華北占領のために計画的に起こした一連の事件を「華北事変」と総称すること、日本関東軍が山海関内に入り北平、天津を脅かしたこと、「何梅協定（梅津何応欽協定）」の主要な内容が、中央軍が河北省境から撤退し、一切の抗日運動を取り締まるものであったことが書かれる。

　閲読部分には、親日の天津『国権報』社社長胡恩溥暗殺、日本特務が

チャハル省に潜入して密かに地図を書き中国駐留軍に拘束された「張北事件」を口実に日本軍が理不尽な要求をし、梅津美治郎がさらに苛酷な要求を出して、何応欽が承認したのが「何梅協定」だと書かれる。

続く本文には、日本は貪欲で飽くことを知らず、「華北五省防共自治運動」を画策して華北を第二の満州にしようとしたこと、国民政府が日本の「華北政権特殊化」要求に応じ、華北地区が日増しに植民地化し民族の危機が深まったことを書く。

ここの閲読部分では、日本侵略者が華北の経済的制圧と略奪を強めたことを、日本の綿花生産基地に変え、鉄道を日本の輸送線に変え、鉱業を独占と例を挙げて、また漢奸、買弁を扶植したと書き、日本の特務が秘密情報で「わが帝国の最後の新植民地である」と言った通りだと書く。日本の華北での経済勢力拡張で利益を損なったイギリス、アメリカ帝国主義は、国民党支配集団の中の親イギリス、アメリカ派を支持し日本を排斥したと書く。

写真は何梅協定全文を報じる中国紙と、漢奸殷汝耕が樹立した「冀東防共自治政府」を載せる。資料は華北駐屯軍司令多田駿の、反満抗日分子を華北から駆逐するなどの、華北に対する三点の態度を言う声明を示す。多田駿に付けられた注は、多田が梅津の後任であることを書く。

ここでは、日本が武力を背景にあらゆる口実を設けて華北侵略の計画を着々と実行に移し、植民地化してゆくことが語られている。この過程からは日本の悪意を見ることしかできないだろう。国民政府はそういう日本の要求にひたすら応じてゆくのみである。日本の勢力伸張がイギリス、アメリカとの対立を激化することが指摘される。

3.3.2.「瓦窰堡会議」

この項目は、華北事変後、中華民族が滅亡の危機に直面し、1935年、中国共産党は「八一宣言」を発表し、内戦停止と一致抗日を呼びかけたこと、中共中央が瓦窰堡で会議を開き、抗日民族統一戦線樹立の方針を

確定し、全国各界の愛国的な人々に擁護されたと書く。毛沢東は「日本帝国主義に反対する戦術について」の報告で、目下の政治情勢の基本的な特徴は日本帝国主義が中国を植民地に変えようとしていることで、中日民族の矛盾が主要矛盾になった、中国共産党の任務は統一された民族革命戦線を形成することで、統一戦線は中国共産党が指導しなければならないと指摘した、この報告は愛国的人民の抗日救国運動の高まりを推進したと書く。閲読部分では、瓦窰堡会議のあと全国各地に抗日救国団体が続々出現し、沈鈞儒らが全国各界救国連絡会を発起したと書く。

この項目の資料には「八一宣言」が引かれるが、その中には、「まずみなが一切の国力…を集中して抗日救国の神聖な事業に奮闘しなければならない」と書かれている。

ここでは、中国共産党が中華民族滅亡の危機を救うために、内戦停止と一致抗日、抗日民族統一戦線樹立を呼びかけ、この統一戦線をみずから指導しようとしたと書かれている。抗日民族統一戦線が全国各界の愛国的な人々に擁護されたことによって、中国共産党の方針の正しさが認められることになる。中日民族の矛盾は高まって目下の主要矛盾になってしまい、抗日救国はみなが奮闘すべき神聖な事業なったのである。

3.3.3.「一二・九運動」

この項目では初めに、1935年12月9日、北平の学生数千人がデモをして、「日本帝国主義打倒！」「内戦を停止し、一致し外国に当たれ！」「華北自治反対！」を叫んだのを、国民党当局が軍隊と警察を出して弾圧したのが「一二・九運動」であると書かれる。

閲読部分には、国民政府が日本の「華北特殊化」要求に応じ、「冀察政務委員会」を設立する計画と新聞が報じると、北平学連が1万名以上を組織し街頭に出て華北自治に反対し、成立を延期させたと書く。

本文には、学生の愛国的運動が、国民党の売国政策に打撃を与え、日本が中国を併呑しようと企図する陰謀を暴露して、中国共産党の「内戦

を停止し、一致して外敵に当たる」という抗日救国の呼びかけを宣伝したと書く。また、学生が共産党の呼びかけに呼応して工場、農村、軍隊に入り抗日救国を宣伝したと書く。

写真は12月9日の北京の学生の抗日愛国のデモと、12月16日の北平のデモが掲載されている。

ここでは、日本の侵略的要求に屈した国民政府の対応が、学生の危機感を煽り、愛国的運動に駆り立てて、その結果、売国政策を採る国民政府に抗議し、抗日救国を呼びかける共産党に呼応してゆくことを書いている。また、学生の宣伝対象が工場、農村、軍隊へと広がっていったことは、抗日救国の運動がそれだけ広がっていったということである。

3.3.4.「西安事変」

この項目は、中国共産党の抗日民族統一戦線政策に感化されて、愛国的将領張学良と楊虎城が、紅軍と和解停戦し、蔣介石に共産党と連合して抗日することを要求した、と書き出す。

閲読部分では、東北軍が自発的に紅軍と戦闘停止したことを書き、本文では、張学良、楊虎城が、「共産党討伐」の実行を迫る蔣介石に、兵諫して抗日を迫った西安事変の経過を書く。さらに事変が起こると、国民党内の親日派の親分何応欽は張学良、楊虎城を討伐し、蔣介石を死地に置いて支配権を奪取しようとしたが、宋美齢、宋子文、周恩来ら各方面の努力で蔣介石は内戦停止、連共抗日の主張をやむなく受け入れ、事変は平和的に解決したと書き、西安事変は中国各階層の団結抗日実現の願望を明示し、中国共産党の団結抗日の誠意を充分表明したと書く。

続く閲読部分には、団結しての抗日の実現がもう間近になったと書く。練習問題は、この時期の四つの重大事件を時間順に並べたものを選択する問題と、一二・九運動と西安事変について問う文章問題である。

ここでは、盧溝橋事件後に国共合作、団結抗日が実行されるための最終的な準備となった西安事変を解説している。東北軍の指導者張学良、

西北軍の指導者楊虎城が共産党との連合抗日を蒋介石に武力をもって迫り、これに反対する国民党内親日派の画策にも関わらず、事変が内戦停止、連共抗日の方向で平和的に解決を見たことは、何よりも中国の世論がそれを強く望んでいたことをはっきりと示しているのだろう。それにもかかわらず、盧溝橋事件から全面的な戦争へまっしぐらに突き進んでしまった日本は、この状況の変化を正確に読み取ることができなかったのである。中国は一丸となって抗日へ進んでいたのである。

4. 終わりに

この小論で検討した中華民国の成立から西安事変までの時期は、日本の侵略が次第に強まっていく過程であった。したがって、この時期を総体的に見れば、中国、中国人民の日本への反発、反感が次第に募ってゆき、抵抗、反撃が厳しくなってゆくのは自然な成り行きであった。この時期の歴史を紐解けば、日本の中国侵略が厳粛な事実として存在するのであり、それは否定のしようがない。まして、この時期の歴史の学習を反日教育と謗っても、それはまったく意味のないことであろう。

この時期の歴史を学ぶことが、日本批判へと繋がっていく萌芽を持つ可能性はないとは言えないと思う。しかし、歴史を学んで抱く感情というものは、そこに書かれている出来事だけで左右されるというような単純なものでは、決してないだろう。歴史を書く者、読む者、教える者、学ぶ者、それらすべてを取り巻く環境、社会状況の作用が極めて大きいはずである。これは現在の問題について言うのである。

歴史的な問題に関して言えば、教科書では袁世凱、段祺瑞、軍閥、蒋介石、国民政府等を、中国の進歩を阻害し、外国に付け入る隙を与えたものとして批判している。この価値判断はもちろん現在の中国の公式的な見解に基づくわけだろうが、こういう負の面を自省的に検討してゆく読み方は充分に可能であるはずだ。

日本の側にしてみても、中国の革命家との関係、社会主義の伝播に果たした役割、日露戦争がアジアに与えた積極面での影響、或いは孫文の呼びかけに対する答え方等々について改めて考察を加えてゆけば、実際の歴史では歩むことのなかった道を探求することもできるかもしれないし、歴史を学ぶ中で、そのようなもうひとつの有り得た歴史を考えてみることは、非常に重要なことでもあろう。しかもそうすることによって、この時期の歴史を学ぶことが、単純な反日教育などに陥らないで済むことになるための、健全な環境を整備することもできるにちがいない。

注

1) 小島晋治監訳、大沼正博訳、2000.『世界の教科書シリーズ2　わかりやすい中国の歴史―中国小学校社会教科書』明石書店。小島晋治、大沼正博、川上哲正、白川知多訳、2004.『世界の教科書シリーズ11　中国の歴史―中国高等学校歴史教科書』明石書店。
2) 人民教育出版社歴史室編著、2000. 全日制普通高級中学教科書『中国古代史（限選）』全一冊（試験本）、『中国近代現代史　上冊』（試験修訂本・必修）、『中国近代現代史　下冊』（試験修訂本・必修）、中国人民教育出版社。
3) 小学校教科書は注1)を参照。小島晋治、並木頼寿監訳、2001.『世界の教科書シリーズ5　入門　中国の歴史―中国中学校歴史教科書』明石書店。
4) 中華民国各界記念国父百年誕辰学術編纂委員会、1965.「大亜細亜主義」『孫文先生選集』中華民国国父孫文先生百年誕辰紀念会。
5) 魯迅、竹内好訳、1966.「自序」『吶喊』『魯迅作品集 1』、「藤野先生」『朝花夕拾』『魯迅作品集 2』筑摩書房。
6) 秋瑾、板垣望訳、「我が同胞に警告する」、章炳麟、板垣望訳、「インド人の日本観」、ともに、小島晋治、伊東昭雄、光岡玄、1975.『中国人の日本人観 100 年史』自由国民社。
7) 並木頼寿、井上裕正、1997.『中華帝国の危機　世界の歴史 19』中央公論社。
8) 小島晋治、丸山松幸、1986.『中国近現代史』岩波新書。
9) 1999.『詳解日本史 B　改訂版』三省堂。1999.『詳説世界史　改訂版』山川出版社。
10) 魯迅、竹内好訳、1966.「劉和珍君を記念して」「花なきバラの二」『魯迅作品集 3』筑摩書房。

せめぎあう中国と韓国の歴史・文化ナショナリズム
―高句麗と端午節をめぐる2つの事件から―

櫻井　龍彦

1. はじめに

2004年6月末から7月にかけ、江蘇省蘇州市で開催されたユネスコの第28回世界遺産委員会は、北朝鮮が推薦した「高句麗古墳群」の世界遺産への登録を決めた（7月1日）。北朝鮮では初めての世界遺産登録になる。平山郁夫氏が何年にもわたり関係各国を奔走してやっとこぎつけたもので、今回登録される古墳群は5地域にある63基であった。

高句麗はいまの中国と北朝鮮の領土にまたがった国家であったため、現在その遺跡は両国に分布している。したがって申請の仕方としては、両国の共同登録であるのが望ましいが、残念ながらそれは実現しなかった。中国は「高句麗の首都と王陵そして貴族の墓」と題して同日、別の遺産として出し、登録が決まった。世界遺産委員会は、将来は中朝両国の一つの遺産として「共同登録するよう提言し、中国は検討する姿勢を示した。」（『産経新聞』2004年7月1日：産経webより）

北朝鮮は自国内の古墳群を単独登録しようと、2003年7月の委員会に推薦したが、中国が反対し見送られた経緯がある。中国はなぜ妨害してきたのか。高句麗の世界遺産登録から一体なにがみえてくるのか。そこに露呈した歴史ナショナリズムについて考えてみたい。それが本論の第1の問題である。

第2の問題は、5月5日の端午の節句をめぐる事件である。韓国東海

岸の江原道に江陵という都市がある。ここにタノチェ（端午節）という大規模な祭礼が伝承されている。それをユネスコの「人類の無形文化遺産」に登録しようとする動きが韓国にあり、その情報を察知した中国では、自国に起源をもつ伝統文化を外国が横取りして先に遺産登録しようとするのは文化侵略であるという非難がおこった。実際には韓国は世界遺産に登録申請などしていず、誤解から生じた事件だが、中国のインターネット上ではこの事件をめぐって議論がたたかわされた。そこに露呈した文化ナショナリズムのことを考えてみたい。

2. 高句麗問題

　高句麗遺跡の世界遺産登録をめぐる問題は、帰するところ高句麗の歴史をどうとらえるかによる。

　紀元前後から勃興し、668年に滅亡するまで、いまの中国東北部から朝鮮半島にかけて隆盛した高句麗は、韓国や北朝鮮の歴史観からすれば、古朝鮮・三国時代・統一新羅・渤海そして高麗へとつながる朝鮮・韓国史の流れになる。しかし中国では、それを自国の地方民族政権の歴史として、中国文明史のなかに組みこもうとしている。この歴史観を高句麗歪曲史観だとして、韓国では2003年末から2004年はじめ、激しい抗議活動がおき、外交問題にまで発展した事件があった。騒動はあとで述べるように、2004年8月24日、両国が5項目の「口頭了解」で合意するまで続いた。

　この事件の経緯とそれが意味する中国や韓国のナショナリズムについて、私は「高句麗はいずこへ」という論文を2004年に編集した『東北アジア朝鮮民族の多角的研究』（ユニテ）に発表した。論文を書いている時点では、高句麗問題はまだ進行中であった。したがって、その論文では、2004年6月、世界遺産登録直前までの動向を紹介できるだけであった。本論文では、高句麗問題について概要をもう一度簡単に紹介したあと、

その後8月24日に一応の決着をみるまでの経緯も紹介しておきたい。

21世紀に入って、中国では「東北工程」と称される国家プロジェクトがはじまった。正式名は「東北辺疆歴史与現状系列研究工程」で、中国社会科学院が東北三省とともに推進する5年計画のプロジェクトである。投資額も総額200億人民元という莫大な金額である。この計画は東北辺疆の地域史・民族史という過去の「歴史」を再構築し、その研究成果を「現状」の分析と政策に反映させようとする内容をもつ。プロジェクトを支える高句麗史観は、高句麗を朝鮮史として扱うのではなく、あくまで中国文明史のひとこまとして、中国の辺境地方に成立した一少数民族の政権であり、今日中国国内にいる朝鮮族ともつながりがないという立場である。

この歴史観がなぜ韓国を刺激したのかは明白である。高句麗を朝鮮史ではなく、中国史としてみたとき、朝鮮民族の偉業は存在しなかったことになる。そしていまの中国東北地域から朝鮮半島北部を占めた高句麗の領土は中国に帰属することになるからである。

現在、韓国も北朝鮮も中国に向かって、今日の中国東北地域は自分たちの領土だから返還せよなどとは要求しない。しかし将来にわたってそういう行為がないという保障はない。もし現在分断している朝鮮半島が統一したらどうなるか。中国にも約182万人存在する朝鮮族が中国から分離独立を求めて動き出し、半島の同胞と一致して領土問題を主張しはじめるかもしれない。先祖の樹立した高句麗で明らかなように、東北地域は自分たちの土地であると言いはじめるかもしれない。中国は南北統一後の情勢をこのような懸念をもって見とおしている。

韓国では、中国が「東北工程」ではっきりと打ち出してきた高句麗史観の隠れた「真意」は、領土と民族問題であると読んでいる。韓国にとっては、中国のこのような歴史観が国策として形成されているため看過しがたく、「歴史の歪曲」であるとか「歴史を侵略しようとする歴史帝国主義」と言って非難するのである。

領土帰属問題と関連して中国が高句麗問題を再検討しはじめたとすれば、それは韓国や北朝鮮の歴史認識をめぐる近年の動向が、むしろ先に中国を刺激したのではないかと推測されるところもある。韓国では1980年代後半から、歴史教科書改訂作業のなかで、朝鮮民族の始祖とされる檀君が神話上の神ではなく、実在した人物とする考えが定着し、それにもとづいて、古朝鮮の領域を半島北部のみならず、現在の中国の遼寧、吉林両省全域から河北省の一部にまで及ぶ大帝国だった、という見方が出されている[1]。また北朝鮮では、90年代に入って、晩年の金日成の神格化と並行して檀君陵が発掘され、人骨が発見されたことで、檀君の実在が証明されたとし、韓国と同じく古朝鮮の範囲を中国東北部をふくむ広大な領域に拡大する歴史認識を強めてきたことが背景にあるのではないかと思われる（櫻井龍彦　2004：70）。

　こうした韓国・北朝鮮におけるいわば「北進拡大史観」は多分に民族主義的な性格をもつもので、中国にとっては警戒すべき史観である。おそらくこうしたナショナリズム的な思潮に対抗して出てきたものが、「南進拡大史観」による高句麗問題なのではないか。射程にあるのは、南北統一後に発生するかもしれない2つの紛争、すなわち領土帰属問題と自国内の朝鮮民族の分離独立運動である。

　高句麗史観をめぐって、韓国で中国の「東北工程」に対する批判が表立ってはじまるのは、2003年の12月からである。年が明けて2004年1月、その抗議行動は最高潮になり、政府の外交姿勢の甘さを批判したり、中国の動向を知らせる市民集会や署名活動などが各地で展開する。2月になると、かなり沈静化し、政府間でも高句麗歴史問題を今後は政府レベルではなく、民間の学術レベルで取り扱うことを合意している（『中央日報』04, 7, 14）[2]。

　関連した動きとして2月に、一部の与野党議員から「間島協約の根本的無効」決議案が提出されている。韓国側の主張によると、日本と清国

が1909年に結んだ「間島協約」は、「日本が間島を清国に譲渡する代わりに満州での鉄道敷設権や石炭採掘権など、各種利権を手に入れたもので、1905年に日本が大韓帝国の外交権を剥奪した乙巳（ウルサ）条約が根本的に無効であるゆえ（なぜなら強制、脅迫によって締結させられたため）、間島協約も無効」（『朝鮮日報』04, 8, 16）というわけである。韓国側は中国の高句麗史歪曲には、朝鮮民族の領土であるはずの間島に対する領有権が、歴史的経緯から中国に帰属することを認知させてしまおうとする隠れた意図があるとみている。だからこそ、このような無効決議案提出の動きが出てくるのである。

　結局この決議案は廃案になったが、一部の政治家とはいえ、いま中朝国境地帯の朝鮮族自治州になっている間島が本来は自分たちの領土であるとして、中国からの奪還を考えているとすれば、穏やかではない。韓国内でも、こうした政治家の態度は国民の感情的ナショナリズムをあおるだけで、歴史歪曲の是正には役立たないとする批判的な意見もあるようである。（『中央日報』04, 8, 6）

　はじめに述べたように、6月末から江蘇省蘇州市で開催されていたユネスコ第28回世界遺産委員会は（6月28日〜7月7日）、高句麗古墳群の世界遺産への登録について、北朝鮮と中国がそれぞれ別個に推薦したものを認めた。ユネスコとしては、数年来おこなってきた両国間の調整はもはや不可能と判断したのだろう。この年の開催国が中国であるということ、いいかえるならば、中国側が自国の開催年までこの問題を引きずってきて決着をつけようとした戦略にのせられてしまった、といってよいかもしれない。ユネスコにできることは、せいぜい中朝両国が将来一つの遺産として共同登録するよう提言することぐらいだったのである。

　8月になると、中国はまた別の動きを見せた。外務省のホームページで、韓国の歴史を紹介する部分のうち、高句麗を削除してしまったのである。中国側に言わせれば、韓国の緊張した世論に配慮しておこなったことのようだ。しかし結果は裏目に出て、韓国はこれに抗議する（『中央

日報』04, 7, 11)。韓国政府は中国に復元を求めたが、拒否されてしまう(『中央日報』04, 8, 2および8, 6)。そこで韓国政府は6日、「外務省を中心に政府対策協議会を開き、中国に対し「深刻な憂慮」を表明するとともに、訪中した外務省アジア局長を通じて強い遺憾の意を伝えている。韓国外務省はこの問題をこれまで文化外交局が担当してきたがアジア局に移し、政治・外交問題とし対処する姿勢に変わった。」[3]同日、「「高句麗史歪曲はわれわれの歴史主権に対する明らかな侵害」とする与野党共同の中国非難決議案が提出された。」[4]

　韓国側の抗議に対し、中国がとった手段は、さらに韓国の反発を強めることでしかなかった。つまりホームページ上で高句麗だけではなく、1948年以前の韓国現代史をすべて削除してしまったのである(『朝鮮日報』04, 8, 18)。これも中国が悪意をもって挑発した行為ではなかった。高句麗部分は復元できないので、いっそ全部なくしてしまえば問題はないだろうと踏んだのである。しかし結果はまた裏目に出てしまった。

　高句麗は中国の一地方政権であるというのが、「東北工程」に代表される歴史観だが、渤海もまた中国の一地方政権であるとみている。[5]中国の歴史を漢民族中心の中国文明史観のなかに、すべて取り込んでしまおうとしているかのようだ。この場合、解釈が現在の国土の域内から出発している点が重要である。現在の領土内辺境に存在した過去の王朝は、独立国家ではなく、中央と従属関係をもつ地方政権にほかならないとする中華主義的な歴史観は、学問的というよりは政治的な背景をもつ説明であろう。現在から過去を位置づけるのは、現在ある状態の正当化である。辺境の分離独立を押さえ込むために、このような転倒した歴史観で操作するのである。このことは中国の民族政策理論とも関係する。いま中国にいる民族はすべて「中華民族」の一員であるという「中華民族多元一体構造論」(費孝通が唱えた)からすれば、高句麗も渤海も中華帝国内の周辺にいた少数民族でしかない。[6]

　しかし韓国では、渤海は高句麗から継承されたと考えているので、朝

鮮民族に関わる政権になる。だから中国は高句麗を歪曲しているだけではなく渤海史も、さらにさかのぼって古朝鮮史までも歪曲していると非難する。もっとも中国からみれば、歪曲しているのは韓国側である。さきに韓国の歴史教科書のことに触れたが、そこに掲載されている古朝鮮の彊域図は、朝鮮半島北部だけでなく、現在の中国の遼寧、吉林両省全域、河北省の一部にまで及んでいた。それだと中国東北地域の大部分は、本来朝鮮民族の領土だったことになってしまうからである。

　90年代はじめの韓国の教科書に、すでにこのような拡張された版図が記載されているのに対し、中国側は古朝鮮から高句麗、渤海すべてを中国文明史のなかに組みこんで、その文明史内の一地方政権とする解釈で牽制しているとみてよいだろう。事実と分析の間にはいろいろなフィルターが介在しうる。あやうい現在を補強するために過去を有利に再構築しようとすれば、それに奉仕するフィルターをかけることはいくらでもできるのである。不利になる相手から見れば、偏向か歪曲か捏造である。その意味では、中国も韓国も結局は同じことをしているにすぎない。通説の形成と周知には、さきに声を大きく宣伝した方が勝ちであるという強い信念が存在する。

　しかし一方で、現在の領土問題に投影している過去の歴史解釈は、単にフィルターを通した解釈レベルで争論となっている性格のものではない。中国には声を大きくしなければならない現実的な理由もあった。それは韓国の「在外同胞法」である。

　正しくは「在外同胞の出入国と法的地位に関する法律施行令」とよぶこの法令は、1999年に制定された。目的は在外韓国人の韓国への出入国と韓国内における法的地位を保障することにあった。しかし大韓民国が建国される1948年以前に海外に移住した在外同胞は対象外となっていたため、2001年の憲法裁判で、これを違憲とする判定が下され、2003年までに改正特例法を定めない限り廃止とされることになった。これを受けて、韓国政府は改正特例法を制定しようとしたが、中国（とロシア）は

反発した。なぜなら特例法が実施され、中国内にいる朝鮮族にも適用されれば、事実上の二重国籍になる。そして予測しうる事態は、朝鮮族の大量流出であり、最悪は分離独立運動の発生である[7]。

特に中国国内の朝鮮族が、海外同胞の運動に呼応する事態がもっとも危険である。現実にこの高句麗問題をめぐっては、北京大学の朝鮮族大学生が運営している web サイト「中国朝鮮族学生センター（Korean Chinese Students Center）」（www.ksc.com.cn）で、学生たちが高句麗は自分たちの国であるという主張をしたので、中国政府のいわゆる「掃黄色 web」「整理不法 web」にひっかかり、2004 年 8 月から強制的に閉鎖されている。北京大学には現在 100 名以上の朝鮮族学生がいて、このサイトには他大学の朝鮮族大学生もふくめ、17,000 人以上が会員登録をしていた[8]。

閉鎖された 8 月というのは、先に述べたように中国外務省がホームページから高句麗を削除したため、問題が政治・外交レベルで緊張した時期にあたる。韓国の憤慨が中国の朝鮮族学生にも飛び火したのであろう。北京大学という最高学府の知識人たる学生のそのような行動は、中国にとっては憂慮の対象である。将来、社会を牽引していく階層に成長する若い知識人たちが、反国家的な海外の論調に同意することは、国として認容できるはずはない。

中国の立場は、中国内の朝鮮族は血統としては韓国の同胞だとしても、中国民族という大家族の一員である以上、「在外同胞法」は中国に対する越権行為であるとする。だから 2004 年 8 月、韓国外交通商部のアジア太平洋局長が中国を訪問した際、中国側から「在外同胞法」に基づく朝鮮族らに対する優遇措置、東北地方が韓国に帰属すべきだとの韓国民間人の主張、宣教師らの不法宣教などにクレームをつけたという（『朝鮮日報』04, 8, 12）。

分離独立への懸念、領土帰属問題の火種を消していくためには、内外的に一定の支持をとりつける根拠が必要である。その根拠となりうるのが、現在をそのままの姿であらしめるために操作する過去の歴史解釈で

ある。辺境地域の歴史解釈はどうしても民族問題と領土問題を背負ってしまうのである。しかしいま、政治外交として領土問題を露骨に争わねばならない必然的要因はない。将来の課題として現時点ではまだ封印されている争点である。そこで古朝鮮、高句麗、渤海などを建国した主体民族や彊域をめぐる歴史学上の解釈問題にすり替わっているが、中国も韓国も隠蔽されている問題の本質はわかっているからお互いに牽制し警告しあうのである。

半年以上も韓国を騒動に巻きこんだ高句麗史歪曲問題は、8月24日に一つの転換期を迎えた。中国の武大偉外務部アジア担当副部長が韓国を訪問し、韓国の外交通商部次官と会談して、5つの口頭了解事項に達したからである。5項目は、
(1) 高句麗問題が両国の重大懸案となったことに中国は留意する。
(2) 歴史問題による友好関係への悪影響を防ぐ。
(3) 高句麗史問題が政治問題化することを防ぐ。
(4) 高句麗史関連記述に対する韓国の関心に中国は理解を示し必要な措置をとる。
(5) 早期に学術交流を通じて問題を解決していく。
というものである。

また中国の学校教科書で高句麗を中国の古代政権の一つとする記述をしないよう中国が確認したという (『朝鮮日報』04, 8, 24)。小中高校の現行の教科書は、高句麗を朝鮮半島で、百済、新羅と鼎立した韓国の古代国家と記述しているが、中国教育局は9月1日からはじまる新学期でも、引き続き現行のものを使うよう指示している (『朝鮮日報』04, 8, 12)。

また盧武鉉大統領は27日に、訪韓中の賈慶林中国全国政治協商会議主席と会談し、高句麗をめぐる外交摩擦について「高句麗問題が両国の論争の種になっているのは実に遺憾だ。中国政府は迅速で納得いく措置をとってほしい」と述べた。同時に中国側も胡錦濤国家主席が、「高句麗史

問題で韓中関係がこわされないようにしてほしい」と要請した、と韓国側に伝えている（『朝鮮日報』04, 8, 27）。

　8月の末に、両国の最高指導者が高句麗問題について発言した点が注目される。おそらく中国側が、この歴史問題によって、これ以上、両国の外交問題に摩擦が生じるのは賢明ではないと判断したのであろう。中国が譲歩したといってよい。ただここまでもっていくには、最終的に国家主席と大統領が登場するほかなかったのであろう。

　しかしこれで問題が完全に終息したわけではもちろんない。5つの了解事項にしても、文書化はされず口頭了解にとどまっている。この点、韓国側が不満であるのはいうまでもない。すこし長くなるが、『朝鮮日報』の8月24日社説「高句麗史問題、国民意見に沿った対策を立てるべき」を引用しておこう。

　　中国の東北工程プロジェクトに端を発した高句麗史歪曲問題と関連、韓国と中国は24日、今後中国の教科書や政府刊行物に高句麗史を歪曲する内容を掲載しないとするなど、5項目にわたる「口頭了解」に合意した。
　　韓中国交樹立12周年を迎える時点で、両国の最大懸案として浮上した中国の高句麗史歪曲問題に、外交的努力によりようやく解決の目途が立ったわけだ。しかし、今回の合意は、高句麗史歪曲事態の穏当な解決というよりは、問題を一時的に先送りにしたような印象が強い。
　　まず明確にしなければならないのは、中国が教科書や政府刊行物を通じ引きつづき高句麗史を歪曲するかどうかが、問題解決の本質ではないということだ。今回の事態の本質は、中国が政治局委員兼社会科学院長や国務院財政部長など、中核関係者がかかわっている巨大東北工程プロジェクトを通じ、「高句麗は中国の地方政権」という無理な主張を展開したことにある。

歪曲の根底にある東北工程プロジェクトに対しては一言も触れず、教科書問題だけを取り上げたのは、問題を回避しているにほかならない。法的拘束力のない「口頭了解」を行ったことで、今回の事態を解決済みとみなすのは、今後のことはすべて中国の良識に任せるというも同然だ。

中国の高句麗史歪曲問題は日本の歴史歪曲とはまた話が違う。日本の場合は韓国を侵略した事実を教科書を通じて巧みに否定する程度だが、中国は官営メディアや外交部のホームページ、地方政府などを動員して、韓国民族史そのものを否定しようとしている点でさらに深刻だ。

歴史による国家間の葛藤は外交的妥協の対象になりうるが、歴史自体は妥協と交渉の対象にならないのだ。外交は政府と国民の共同作業だ。今回の事態がこの程度で収拾できたのは、とんでもない中国の韓国史否定に対する国民の怒りが絶対的な力を発揮したためだ。

よって政府は国民の意見に反して、中国と曖昧な問題解決に政略的に合意することをやめ、明確な原則を立て、国民の力でそれを支えることで、中国の歴史歪曲が再発しないよう、長期的かつ根本的な対策を講じなければならない。

以上、わたしの前著「高句麗はいずこへ」で紹介した中韓高句麗史論争をうけ、そのあと8月までのやりとりを追跡してきたわけであるが、議論の対象が学術的にみえても本質は政治問題なので、決着はやはり外交レベルでの折衝にならざるをえなかった。上記のように国家の最高指導者までもが出てきて、韓国側の遺憾表明を中国側が理解するという形で終結させたことになる。したがって9月以降はもうほとんどこの問題に関する報道がなくなってしまう。

12月に共同主催の学術会議のニュースが入ってきた。5項目の5番目の了解事項にあった「早期に学術交流を通じて問題を解決していく。」と

いう点は、すでに2月に訪韓中の王毅外務次官(現在は駐日中国大使)がそれを約束していた(櫻井龍彦 2004：89)。韓国側の強い要請によるものであったが、それが2004年12月に北京で実現したのである(『中央日報』04,12,21)。韓国の世論が少し沈静化し、時期的に学術レベルでの議論が可能になったと中国が判断したと思われる。参加主体は韓国側が「高句麗研究財団」(2004年3月に発足)、中国側が「東北工程」を推進する「中国社会科学院」である。いわば両横綱が四つに組んだのだが、残念ながら非公開であったため、どのような議論が展開したかはまったく不明である。

　ところで、この間の北朝鮮の反応はどうなのか。北朝鮮政府は公式見解を発表していないのでわからないが、基本的には韓国に同調していることは間違いない。日本の総連系機関誌『朝鮮新報』では、この問題をときどき記事にしている。しかし情報の多くは韓国系の新聞報道から得ているようで、それを引用し韓国の反発を紹介しながら言及する形をとっている[10]。また「中国政府の「東北工程」の名前で推進している高句麗史歪曲は日本の教科書歪曲よりも深刻だ。」とか、「彼らの論理なら朝鮮の歴史は高麗からはじまり、朝鮮固有の領土は大同江以南に狭まる。」と批判する記事もある[11]。
　北朝鮮にとって中国は建前としては同盟国であるだけに、韓国のように世論が攻撃的になるような事態はないが、高句麗の舞台が自国をふくむものであるだけに、中国の史観は許容できるものではないだろう。たとえば朝鮮中央放送が2004年9月14日に「高句麗は大国の少数民族政権や地方政権、属国などではなく、堂々とした自主独立国家だった」と報じている(『朝鮮日報』04,9,14)。また8月に北朝鮮を訪問し、世界遺産となった高句麗古墳群を案内された朝日新聞の記者が、朝鮮文化保存センターの李気雄遺跡研究室長に、中国は高句麗が中国の地方政権だと言っているがどう思うか、と質問したのに対し、李気雄室長は、「世界

遺産で重要なのは人類文明の文化財であるということだ。歴史はつくることも加工することもできない。高句麗がわが民族の祖先の国であり、壁画古墳がわが民族の誇り高い文化遺産だということは内外の学界が広く認めてきた事実だ」とこたえている。[12]このように名指しでこそ非難はしないが、発言を聞けば中国の歴史歪曲を意識した内容であることは、容易にわかるのである。

　高句麗史問題はいうまでもなく中国と朝鮮半島の民族との論争かつ外交問題である。韓国ではこの問題に顕著なように、近年の中国の歴史学界は、現在中国の領土内で過去におこった文明をすべて中国文明として抱え込もうとする傾向があると警戒している（『朝鮮日報』04, 8, 11）。周辺の独立国家でも、従属関係によって地方政権としてとらえるのは、中華思想すなわち「漢民族中心論」に由来する史観である。ワシントンポスト紙によると、その史観は日本文明にまでも及んでいて、「不死の薬を求めて1000人の中国少年少女が紀元前209年、日本列島にわたって日本文明は始まった」という考えがあると報じている（『朝鮮日報』04, 9, 23）。秦の始皇帝の命を受け、童男童女数千人を船に乗せて東海の三神山に渡った徐福伝説のことである。このような主張は、いまさら驚くべきことでもないし、極東に位置し、大陸文化の吹きだまりが日本列島であると考えれば、渡来人による中国文明の伝播は自明の歴史である。日本には徐福関連の史蹟が20数カ所のこっているようであり、韓国にもある（逵志保 2004）。しかしただそれだけの伝説にもとづいて、漢民族による日本植民地化を説くとすれば、困惑するほかはない。
　中国には「中国徐福会」、「中国国際徐福文化交流協会」なる組織があり、日本、韓国、台湾とも交流をしているようだ。文化の交流と友好促進が目的で運営されているのだろうが、日本文明の中国起源説を誇らしげに語る会でないことを祈りたい。
　近年の中華主義的な歴史偏向、中国文明の漢民族中心論に、中国国内

でも警鐘を鳴らす人もいる。たとえば1996年に始まった「夏商周年代確定プロジェクト」について、評論家の朱大可は、夏、商、周といった古代史の時代区分（断代工程）を推進すべく30団体から約200人の専門家を動員し、大量の資金と人材を浪費していると批判し、これらのプロジェクトの究極的な目的はあらかじめ定められた政治目標、すなわち中国文明における漢民族中心論を後付けで証明することにあると言っている（朱大可　2004）。すなわち夏、商、周の年代を確定することで、中国の領域と年代を拡大解釈し、現在の中国領土内でおこったすべての出来事を中国文明として抱え込もうとしているのが、近年の歴史偏向というわけである。それが国家主導で行われたとき、学術研究が国家権力の意向を無視して成り立つほど、独立不羈の勢力は中国にはまだない。

　朱大可は高句麗史や東北工程に関して言及しているのではないが、こういう歴史再構築の傾向が韓国にも敏感に察せられていて、中国は高句麗史歪曲を通して、韓国の古代国家を自国の歴史、文明に吸収しようと画策していると疑うのである。

3.　端午節事件

　韓国で高句麗史歪曲問題が沸騰しているあいだ、中国ではやはり韓国と世界遺産に関連した別の問題が争論となっていた。それは中国の代表的全国紙『人民日報』2004年5月6日に掲載された「不要冷落了自己的伝統節日」という記事にはじまる。[13]

　東北のある大学教授が文化部副部長周和平に緊急の手紙を出し、アジアの某国が、端午節を自国の文化遺産としてユネスコの世界遺産（「人類の口承及び無形遺産の傑作」）に申請登録しようとしていると告げたものであった。ここでは慎重に手紙を書いた本人の名前やアジアの某国の国名をあげていないが、すぐにそれが遼寧大学の烏丙安であり、韓国であることが判明し（すぐあとで述べるように、4月14日の『光明日報』で

は、それが韓国であることをはっきり述べている)、6日以降に白熱する各新聞やネット上での議論は、二つの固有名詞を明示しながら展開していく。

『人民日報』によると、この手紙を受け取った周和平は、「中国民族民間文化保護工程試点工作交流会」で、あせった様子で、もし外国が申請に成功したらわれわれは祖先に顔向けができないと述べたと報じている。

6日付けのこのニュースは、数日の間に全国のいろいろな地方紙やインターネットで転載された。その結果、中国人の民族感情を刺激し、自分たちの伝統文化をなぜ韓国が世界遺産に登録するのかと、疑問や憤慨の声が寄せられ、ちょっとした騒ぎになった。この騒ぎをネット上でも使っているので、「端午節事件」と呼んでおこう。

文化部副部長に手紙を書いた烏丙安教授は、韓国が端午節を世界遺産に申請するというニュースを早くに知っていて、4月14日の『光明日報』に記事を寄せている。おそらくこれが、韓国の申請を中国で報じた最初の記事かもしれない。「従搶救端午節原文化形態説起」という見出しをつけたこの文章は、冰庵という人が書いたことになっているが、烏丙安のペンネームであることは明らかである。なぜなら冰庵が中国民族民間文化保護工程専家委員会委員であることが記事からわかり、烏丙安もこの委員会の委員であること。なによりも冰庵の読みが中国語音で丙安と同音(bing'an)であるからだ。

烏丙安は中国民俗学会副理事長で著名な学者である。なんども来日経験があり、日本の文化財保護状況についても詳しい。さきの委員会委員や中国民間文化遺産搶救工程専家委員会副主任も務めていて、中国文化遺産の保護問題の専門家といってよく、政府に提言する立場にある人である。

韓国の端午節とは、東海岸の江原道にある江陵市の祭礼を指す。この祭礼については、あとで紹介するとして、2004年の6月10〜12日に、この江陵で端午節に関連した国際シンポジウムが開かれた。それにはわたしも参加したのだが、中国からの招待者のなかに烏丙安もふくまれて

いた。烏丙安はシンポジウムの招聘状を3月には受け取っていたはずである（日本には3月20日付けで届いた）。そのとき彼はたまたま韓国の学者と電話で話をする機会があり、江陵市が申請を準備していることを知ったようである。

おりしも4月に北京で、今後、中国が保護すべき自国の伝統的な民間文化の項目について、選出作業をおこなう会議があった。端午節のような節日民俗もふくめて100以上の項目から最終的に29項目が推薦されたが、そのなかに節日関連の項目は含まれていなかった。烏丙安はこの結果を非常に残念に思っていたようである。だから3月に韓国の申請を知ったとき、節日民俗を保護項目に入れられなかった自分の力不足に対する反省と後悔の気持ちに突き上げられたのであろう。そこで急いで文化部に上書し、節日も保護の対象としなければ、外国に略奪されることもあると警鐘を鳴らそうとしたのだと思われる。烏丙安は記者のインタビューで、「中国はこれまでにも自国の文化遺産が外国によって先に登録されてしまっている事例があるので、節日までも同じ運命をたどったら、いかにみっともないかと感じ、文化部へ手紙を出した。端午節はいまや中国の特許ではないが、多くの国に端午節があるので、早く申請しないと外国に先を越される。」と答えている。[14)]

それが5月6日の『人民日報』の記事に反映したのであろう。しかしこの事件は、あとで述べるように大きな誤解にもとづいていた。だから烏丙安の行為は拙速であり、軽率ともいえるものであったが、誤解によるとはいえ、その結果国内では思わぬ大きな反響を呼んだ。少なくとも烏丙安は自分の行為がこれほどの波紋を投げかけることになるという予想はつかなかったはずである。

この反響によって露呈したのは、中国の文化ナショナリズム的な自尊心である。[15)]端午節という一つの文化表象が、何ごともなければ眠ったままで放置されていたはずが、予期せぬ外部からの刺激で伝統意識がめざめ、中国人のナショナル・アイデンティティが頭をもたげた。「端午節事

件」はその動揺が上からの政策と下からの運動が相互に共鳴して発生したが、偏狭なイデオロギー性を指摘する声も出て、最終的にはヒステリックにならずに問題を沈静化させた。とくに世界遺産の意義についてよく知る学者たちが、文化遺産の価値はトランスナショナルなものであることを指摘し、理性的な意見をのべて制御したことが注目される。本章では、こうしたナショナル・アイデンティティ動揺の過程で、それを克服するための拠りどころとされた文化ナショナリズム的な動きについて論じてみたい。

翌日7日からすぐにはじまった反響をネット上で拾ってみると、当初は韓国を非難し、中国の端午節を守れ、奪われるな、という批判的な意見がほとんどである。とくに屈原との関係から端午節発祥の地だと自負する湖南の岳陽市は危機意識を高めた。「湖南保護端午節」がネットに開設され、多くの意見が寄せられ議論が展開する。[16]

屈原が身を投じた汨羅は岳陽にある。伝承では前278年に命を絶ったので、中国の端午節は2000年以上の歴史があるという。また今日、端午節の重要な行事となっている龍舟競争の発祥地だというのが、岳陽の誇りでもある。だからもし韓国によって端午節が世界文化遺産に登録されるようなことになれば、われわれの恥辱であり、ご先祖様に申し訳が立たない、断固としてわれわれの端午節を守るぞ！という激しい愛郷心に当地の人びとが突き動かされた。

岳陽市政府もこのニュースに喫驚し、さっそく行動にでた。5月9日、楚文化研究家、屈原研究家、政府関係者、宣伝・文化・文物責任者らをよび、端午節保護に関する会議を開いて、岳陽の端午節を世界遺産に申請する準備を開始し、そのために「全市民を総動員」することを協議したという。中国お得意の「動員」による政治運動である。

副市長の隋国慶は、われわれは責任感、緊迫感、危機感をもたなくてはならず、マスメディアも宣伝活動を強める必要がある、と発言した。こ

の会議では、次のような意見が出た。

- 端午節は岳陽の品牌（ブランド）だ。
- 外国が端午節を申請するのは、文化侵略行為だ。
- 文化遺産の申請は文化侵入でもあり、経済侵入でもあり、最終的には領土争いの口実になる。（蔡世平岳陽市宣伝部副部長の発言）
- 文化遺産の保護はわれわれの未来の保護だ。これを機に愛国主義教育を進めよう。（宣伝部文芸科科長の発言）
- すぐれた中華民族精神を発揚しよう。
- 韓国は中国の儒教文化圏に属する。

こうした政府による総動員方針に呼応して、11日に長沙市では、岳陽移動通信公司の総経理陳越南が「私たちの端午節を保護しよう」という宣言をおこない、署名活動がおこなわれた。写真1は「人民網」5月12日の記事「端午節被別国搶注事件追踪：澄清端午節搶注真相」に掲載されたもので、長沙や岳陽市区の大学生ら1万人近くが署名している様子である。署名活動は一般市民の意識を高め、動員させる手段として、もっとも効果的なのであろうか、高句麗問題で、韓国も似たようなことをしていた。2004年1月にソウルなどで展開した「高句麗史を守る100万人市民運動」には、多くの市民が署名に参加している。

［写真1］端午節抗議の署名（人民網 04, 5, 12）

「湖南保護端午節」に記録された意見をみると、10日ぐらいをピークに地方紙やネット上で、「端午節を守れ」、「韓国に先を越されるな」という意見が飛びかったことがわかる。しかしながら、一方でそのころから冷静な意見も出始めて

いた。
　まず仕掛け人ともいえる烏丙安自身が、某教授が自分であるとわかると、連日 100 本以上もかかってくる問い合わせの電話やネット上の過激な発言に困惑した様子である。世論のなりゆきが自分の意図したことと違う方向へ拡大しかけている事態を危惧する発言をしている。つまり「わたしの本意は民間文化の保護を重視すべきだと言いたかった」のであり、「民族の精髄を失うな」、「奪われるな」、「外国に申請され認められたら国辱だ」、「祖先に顔向けできない」などという言い方や「端午節保護戦」（湖南省の言い方）などというスローガンが出てきたので、当惑していることを表明する。彼は次のように言う。
　「自然遺産が一つしかないのと違って、『人類の口承及び無形遺産の傑作』（中国語では『人類口頭和非物質遺産代表作』）は共有性（中国語は『共享性』）がある。他国が申請して、それをユネスコが批准しても別にかまわない。わが国も申請できる。無形文化遺産の申請は『品牌』の特許登録とはちがう。略奪とか保護の闘いとか、そんなものはない。今回の事件は二つの誤解によっている。世界遺産申請の規程についての無知と伝統節日の意義についての無知だ。日本や韓国では 1950, 60 年代に早くも保護法を作っている。われわれがすべきことは、民間文化保護法を早く制定することだ。韓国では江陵端午祭を 1967 年に国家指定重要無形文化財第 13 号に指定している。そういう保護の歴史があるので、今回申請が可能になるのだ。わが国では節日民俗は保護の対象項目にすらなっていない。」
　烏丙安は節日民俗が保護の対象になっていないことを嘆いているが、確かに日本や韓国に比べると中国の文化財保護政策は、ずいぶんと遅れをとっている。近代化にともなう経済優先の開発事業で、有形無形の古い伝統文化がどんどん破壊される現実を前にして、近年ようやくその必要性が説かれるようになったばかりである。人びとの保護意識も低いし、保護のための法制度もまだ未整備の状態である。

文化部が民族民間文化保護の立法に乗り出したのは、1998年のことである。2002年に「中華人民共和国民族民間伝統文化保護法」の草案ができ、2003年に文化部の主導で「中国民族民間文化保護搶救工程」がはじまる。財政部はこの工程の予算に、2003年は準備資金として500万元を投入し、始動初年度の2004年は2000万元を投入した。そして同年、文化部と財政部は連合して「中国民族民間文化保護工程実施方案」を頒布する。
　この方案によると、2004～08年が「先行試点和搶救瀕危段階」、2009～13年が「全面展開和重点保護段階」、2014～20年が「補充完善和健全機制段階」と位置づけられている。こうした政策と並行して中国はユネスコに積極的に無形文化遺産の申請を続けている。ユネスコは2001年5月に最初の「人類口頭和非物質遺産代表作」を宣言したが、そのなかに中国の昆曲がふくまれていた。そして2003年11月には古琴が認められている。
　このように中国の民間文化遺産保護は、21世紀になってようやく正式に国家の立法機関の審議計画に入ったことになる。今回の端午節事件はそんな背景のなかで発生したことをふまえておく必要があるだろう。

　烏丙安は弁解ともいえる発言の中で、2つの誤解（無知）をあげているが、そもそも彼自身がこれとは別の2つの誤解をしていて、その誤解がそのまま中国の世論に反映したと思われる。まず韓国の申請が6月になされると勘違いしたのではないか。ちょうどこの年の6月に、蘇州で世界遺産の委員会が開催されることになっていたことは、先に高句麗史問題のところで述べた。烏丙安はそのときに韓国が申請するのではないか、とすればあと1ヶ月しかないという疑心に駆られ、あわてて上書し、文化部もマスコミも緊急の事態と判断して宣伝活動をした。その結果、急速に世論が盛り上がったのではないか。
　もう一点は、そもそも江陵の端午祭（江陵では端午節ではなく端午祭

という）とはなにか、について烏丙安自身もよく知っていなかったのではないか。端午節という名称だけから、チマキを食べ、菖蒲で厄除けをし、龍舟を競い合う一般的な習俗を想起し、まぎれもなく中国に起源する伝統文化を、発祥国ではなく、受容した外国が遺産登録するのはおかしいと考えたのではないか。報道でもただ端午祭と言うだけなので、読者は中国とまったく変わらぬ端午節と勘違いし、感情的になって文化略奪の議論に発展してしまったと思われる。しかし実際には、韓国では端午祭と呼んで、意識的に端午節といわないように、中国伝来の端午節と区別する意図がある。端午の日に挙行するので名称は一致するが、その実態は随分と違うのである。

　ここで江陵（カンヌン）の端午祭（タノチェ）について、簡単に紹介しておくことにしよう。
　「端午節」は5月5日のお祭りであるが、「端午祭」はその日だけの行事ではない。陰暦4月5日から5月7日までの約1ヶ月間にわたる祝祭である。儀式は4月5日に御神酒作りからはじまる。4月15日が「山神祭：サンシンチェ」で、大関嶺（デガンリョン）の山神（新羅の大将軍金庾信のことともいわれる）と国師城隍（梵日国師）を祭り、山からご神木を伐り出して江陵市内まで降ろす。この過程は諏訪の御柱祭とよく似ている。里に降ろされた国師城隍は、市内にいる妻の国師女城隍と一緒にされ、5月3日の夕方に「迎神祭：ヨンシンチェ」がおこなわれる。いわば山の神と里の神との結婚である。以後、設けられた祭場で、7日の「送神祭：ソンシンチェ」まで、毎朝、儒教的な祭礼「朝尊祭」をおこない、夜遅くまでムーダンの呪術的な儀式「端午クッ」が続く。
　これがいわば神聖な儀式であるとすれば、一方で祝祭的な行事の数々が南大川（ナンデチョン）のほとりで毎日演出されている。官奴（カンノ）仮面劇、農楽、民謡などの民俗芸能。投壺（トゥホ）、相撲（シルム）、ブランコ乗り（チュチョンヒ）などの民俗遊戯が繰りひろげられるほか、

全国の食べ物や雑貨が集まる市（乱場：ランジャン）が並ぶ。舞台となる南大川の川べりでは花火が打ち上げられ、サーカス小屋も立ち、まさに大規模な祝祭空間となる。

　今日では毎年、全国から100万人規模の観光客が来る一大イベントにまで成長しているが、もともとは地方性のある豊穣と厄災を願うお祭りであった。本来、この一連の祭礼の意義は、神話的な物語を背景にもつ山神（男）と里神（女）との結婚によって、地域の豊作、豊漁、安寧を祈願するものであろう。神が山と里を往来し、男女の交わりによって呪術的に生産の豊穣をもたらす土着の信仰が、この土地に古くから伝承されていて、端午の時節に毎年、反復再現されていたと思われる。それがちょうど時期を同じくしたことも一因となり、中国伝来の端午節と習合し、豊作・豊漁祈願に端午の除禍招福、疾病退治などの風習が加わったのではないか。それがいつのことなのかははっきりしない。文献では、朝鮮王朝時代の南孝温（1454～92）『秋江文集』に記述があるので、600年はさかのぼることができるだろう。

　江陵の人は端午祭が屈原の故事と関係することは知っているが、とくに屈原を祭るようなことはない。龍舟競争もしない。この点は中国と大きな相違点である。中国の遺風と考えられるものといえば、女性が菖蒲で髪を洗ったり、よもぎ餅を作ったり、端午扇に絵を描いたり、天中赤符のお守りを門柱に貼りつけたりすることぐらいだろう。もちろんそれらの習俗は、日本と同じで、家庭単位で伝承され続けているわけではない。

　このユニークな民俗行事は、1960年に任東権が調査をはじめてから、韓国においても全国的に知られるようになった。任東権は日本に留学経験があり、日本の文化財保護政策についてもよく知っている。彼はこのお祭りの価値や保護の必要性を十分認識し、そのために随分奔走したという。その努力が実って、端午祭は1967年に国家指定重要無形文化財に指定されたのである。先述したように、韓国では1961年に文化財保護法

を制定し、翌年から施行している。(以上、江陵端午祭については、主として江陵市 2004 による)

　江陵市の積極的な働きかけが中央政府も動かし、韓国はユネスコへの申請を遅くとも2000年から考えはじめたようである。申請のためにはいろいろと実績を積み上げておかなければならない。学術会議を開催し、端午祭の学術的価値を顕彰すると同時に、国際社会への認知を高めようと努力している。まず2002年6月13〜14日に、江陵で「韓中日民俗国際学術大会」(端午の名はないが、主たるテーマは端午節)が開かれ、その成果が『アジアの端午民俗』國學資料院(ソウル)として出版された(2002年10月)。わたしも招待され、そのときの発表論文もこの本に掲載されている。そして2004年6月には「江陵国際観光民俗祭学術大会」が開かれ、わたしもまた招待された。

　学術面での国際交流も実績として築き上げた上で、韓国は江陵端午祭を2005年に申請する準備を進めているのである。中国で騒動となった2004年の6月では決してない。今回の事件で、申請を担当する韓国の文化財庁も中国マスコミの取材をうけ、「韓国は端午節を無形文化財で申請することはない。われわれが考えているのは江陵端午祭だ。」といっている。「節」も「祭」も英語に訳せば、festivalで変わりはない。この一語の違いは、中国の反発をはぐらかす詭弁のようにみえるが、そうではない。由来、内容、性格、規模、伝承主体など本質的な点で相違があることを、韓国はこの一文字の違いで表そうとしている。

　上述したように江陵の端午祭は土着の固有信仰と祝祭活動が中核となっていて、独自の民族的特徴があり、中国古来のわれわれが知っている端午節とは根本的に違う。だからこそ認可に必要な単一性、独自性、真正性、完備性、歴史的価値などの条件を整えていて、申請に値するものと考えているのである。実際に、山神(男)と里神(女)との結婚、数十種類の祭祀や民俗遊戯、フェスティバル的イベントなど多くの要素に

おいて、地方色豊かな独創的性格をもっているといえるだろう。

　韓国の申請に批判的な意見がでる一方、中国では 5 月 10 日ごろから冷静な意見も出はじめていた。そのうち注目されるのは、10 日付けの『新京報』(『光明日報』の姉妹紙) に発表された「寛容対待"他国端午申遺"」というタイトルの文である。「端午節は中国固有の伝統的祝日だが、韓国の遺産登録申請には寛容な態度で接するべきだ」と論じている。

　「この争論の本質は文化伝統にいかに対応するか、であって、「端午節を守れ」というのは、文化伝統を「あなたのもの」、「わたしのもの」と明確に分けようとする態度である。このような考えにもとづけば、ある国が「われわれ」の文化遺産を奪おうとしているという言い方になる。…ユネスコの遺産申請の目的は、各国が文化遺産を重視し保護していくことにある。…東アジアの文化は文化融合のうえになりたっている。中華文化はそのなかでも大きな役割を果たしているが、自尊心のあまり排他的になるようであれば、自国の文化の保守化、閉鎖性をもたらす。…唐代には「胡気」があった。つまり西域から異文化が流入した。海外文化に寛容であった。近年、この寛容さを失い、「洋節」、「哈韓哈日」を排斥しようとしている。」と、この文は述べている。「洋節」とはバレンタインデーやクリスマスなど西洋の節日をいい、「哈韓哈日」は日本や韓国の若者大衆文化に熱中するオタクのことである。

　今回の事件を外国からの脅威とみるナショナルな動きに同意せず、理性的な対応を求めた人はほかにもいる。たとえば北京大学教授の高丙中は、「国際先駆導報」(5 月 17 日) のインタビューにこたえて、ネットで 10 人の人が意見を出せば、3 人は過激なことをいうだろう。しかしそれで世論の 30％が極端な考えをもっているということにはならないと、まずメディアによる世論形成の陥穽に注意を喚起している。そして世界遺産の「人類の口頭及び無形遺産の傑作」は、「人類文化」という高い観点から見るべきであり、その意味でも一部の人が文化略奪だといって韓国

に攻撃の矢を向けているのは妥当ではない。むしろ国内において伝統文化を重視する意識を養っていくべきだ、と述べている。高丙中は人類学、民俗学の専門家であり、民族民間文化財の保護問題にも政策的に関わり、提言もしている。世界遺産が世界人類の共同財産であるとする理念からすれば、「人類文化」という高い視点から論ずることはきわめて正当だろう。

中央党校教授の劉景録は、「中国もインド起源の仏教を中国文化に摂取してきた。そういう例はたくさんあるので、他国の申請をやめさせることも責める理由もない」という。文化はハイブリッドであるがゆえに豊かさをもつこと、歴史的に中国文化も外来文化を受容して形成されてきたこと、これらは常識に属することであるが、文化略奪という植民地主義的な発想にとらわれると、単純な事実でさえも忘却し、狂奔することもあるのである。

高丙中は「人類文化」という高い観点から見るべきであるという。同様な意見は、『光明日報』2004 年 5 月 19 日の「関于"端午節"話題的思考」にもみえる。この記事では、多くの文化は伝播によって国をまたがって存在している。だから一国の民族主義にこだわるのではなく、多国性を重んじ、人類の共同文化という視点から共同で保護していく体制づくりが大切だという議論をしている。確かにユネスコもひとつの民族文化が国境をまたいで分布している場合、多国間で連合して、共同の文化遺産として申請することを望んでいる。高句麗遺跡も実はそうした申請が理想的であった。しかし実際にはそれぞれの国益が優先され、うまく機能しないことは、先にみたとおりである。

冷静な意見はいずれも建設的な見解をもつものであった。その見解から取りだせる共通項は、次の 3 点に集約できるだろう。
すなわち今回の事件を契機に、
　1, 伝統文化の価値をみなおすこと

2, 行政と民衆の両方が文化財の保護意識を高めること
3, 緊急に立法的な措置を考えること
である。

1は日本、韓国の伝統文化尊重のあり方をみならい、「民俗復興」を考えることである。その場合、文化が政治に従属するのではなく、文化の自主性の上で民俗を復興させる。6月20日中国民俗学会と北京民俗博物館が共同で開催した「端午民俗研討会」では、この「民俗復興」が話題になったという（高丙中　2004：96）。

社会主義の中国では、文化と政治を切り離して考えようという視点は、これまでなかなか共有できなかった。従って旧弊の伝統文化は、中国では「破旧立新」のスローガンのもとで、すべて否定されるべき存在であった。古いものは封建性の残滓であり、迷信であり、非科学的である。伝統にそのようなレッテルをはってしまえば、それを現代社会の中で生かしていく、伝統を再創造する、という考えは生まれてこない。破壊の対象でしかなかったのである。だから伝統文化の保存あるいは保護という基本的な認識すら人々に育成されていない。韓国や日本ではまったく逆である。伝統文化を重んじ、保護につとめてきたために端午節申請の可能性が出ているのだ、とする意見である。

中国では改革開放以来、西洋との接触がふえ、西洋文化が若者を中心に流入している。彼らは端午節、重陽節、中秋節などに関心はない。マスコミの宣伝や商業主義があおる消費欲によって、人気があるのはバレンタインデーやクリスマスなどの「洋節」ではないか。経済のグローバル化、社会の近代化の影響で衰微、後退しているのは、自国の伝統文化である、という嘆きに似た声が底流にある。「中国民族民間文化保護工程試点工作交流会」に参加した全国の文化界の代表も若い人たちのこうした傾向を指摘している。

そこで2の文化財の保護意識を高める政策の提言につながるのである。そのための具体的な施策として、3に示した議論すなわち文化財保護法の

立法化と法定節日の制定が緊急の課題とされる。

中国では無形文化財については、2003年から準備を始めたばかりだが、端午節に限らず節日が民俗保護項目に入っていないことは、先にのべた烏丙安の発言のとおりである。そのためにまずは節日を国家法定の祝日にしようという意見が出てくる。

香港とアモイの特別行政区では春節、清明節、端午節、中秋節、重陽節が五大伝統祝日となっている。しかし大陸では春節だけが法定祝日で、他は法定休日にもなっていない。そこで今回の事件をきっかけに、湖北省政教委員会委員の一人が省の公休日にしよう、というような提案をしている（6月20日）。しかし法定公休日は省が単独で決めることはできない。決定権は国務院にあるので、国による立法を待たねばならない。

いま中国で民族民間文化保護の議論に参加している学者のなかに、この節日の法定化に反対する者はいない。はやい実現をめざして、いろいろな機会に行政側に働きかけているようである。国際シンポジウムを開催して、それを促進しようという意図もあるのか、2005年の2月14、15日に北京で、中国民俗学会と北京民俗博物館が「民族国家的日暦：伝統節日与法定假日国際研討会」を共催している。ここでどのような議論が方向づけられたのか、現時点ではわからない。しかしタイトルが明示するのは、歴史的な由来をもつ伝統的な節日を国民の祝祭日として国家が法的に規定することである。それは国民文化を支えるための伝統の再編にほかならない。

「端午民俗研討会」で話題になった「民俗復興」の具体的な中身については、残念ながら高丙中の報告（高丙中　2004）がシンポジウムテーマのごく簡単な紹介であるため、不明である。しかしこれまでの経緯からいって、経済開発による都市化の進展や西洋の近代的価値観が浸透した結果、軽視される伝統民俗文化を中国民族の誇りとして、もう一度見直し保護していこう、という議論であることは明らかだ。

「伝統」に支えられた「民俗」は、その伝承の主体である「民族」とそ

れによって構成される「国家」の次元にまで引き上げられて論ぜられるとき、しばしばナショナリズムの相貌をもって登場する。このシンポジウムでは、文化が政治に従属するのではなく、文化の自主性の上で民俗を復興させる議論が基調であったようだが、「復興」が語られる文脈の再検討なしには、むしろ政治に積極的に加担していく議論になりかねないだろう。無批判な「伝統」回帰は、たやすく排他的ナショナリズムと結びつくからである。

4.「文化主権」の主張

　韓国が端午祭の申請にむけて準備しているというニュースを受けて、国内で伝統文化保護の声が高まり、行政も反省する姿勢をみせた。確かにこのニュースが伝わらなかったら、端午節について、こんなにも大騒ぎすることなどなかったろう。今回の事件は、中国人にとって端午節とは何なのか、伝統文化とは何なのか、考えさせるよい機会であったかもしれない。その意味では禍が転じて福となったと考えればよい、という意見を述べた人もいた。

　日ごろは重視もせず、気にもとめていない節日を外国からの脅威にさらされたと感じたとき、アイデンティティを結束するために文化ナショナリズムが利用される。同様に「伝統」が対極的な「近代」によって危機的状況におかれているという認識が共有されるとき、文化ナショナリズムが顕在化する。今回それが「文化主権」という表現で説かれた点が注目される。

　騒ぎが起こる前の 4 月 17 日、中国民間文芸家協会党組書記の白庚生は、北京第二外国語学院文学院で学生に講演をしている。タイトルは「民間文化与文化主権」である。白庚生は著名な作家馮驥才とともに、協会で主として民間文化遺産保護の仕事に従事している。講演の内容はタイトルのとおり、民間文化の保護についてであるが、彼はおおかた次のよ

うに述べている。かつて中国文化は帝国主義列強によって略奪され主権が奪われたことがあった。しかしいま略奪されるとすれば、それは自分たちに責任がある。つまり無知と民間文化や伝統文化に対する軽視だ。われわれに文化主権意識がなかったら外国に先に申請されて主権を持って行かれてしまう。文化主権の主体は国家にある、と強調し、例として江陵の端午節事件をあげている。

講演の日付からみると、白庚生が江陵の申請を知ったのは、全国的に議論が白熱するきっかけとなった5月6日の『人民日報』ではなく、4月14日の『光明日報』の記事であったはずだ。あるいはこの記事を書いた烏丙安から、もっと早くに聞いていたかもしれない。いずれにせよ、白庚生は若い学生たちに「文化主権の主体は国家にあり」、その主権を守っていかなければならない、と警戒心を高めるよう促しているのである。

「文化主権」という言葉は、5月6日の『人民日報』によると、文化部副部長の周和平も「国家文化主権和文化安全」を守れと言って使っているし、5月10日の『華夏経緯網』というネットには、「岳陽堅決捍衛"主権"」（岳陽は断固として"主権"を守る）というタイトルの記事があり、ここでも「主権」という言葉が使われている。白庚生も周和平も党の役人であるから、「文化主権」は文化に対するナショナルな集団的主権を前提に、それを国策のイデオロギーとして掲げたものといえる。

高句麗問題では韓国の国会が8月6日の中国非難決議案のなかで、「歴史主権」の侵害という表現を使っていた（p.135で前述）。文化主権を国家に帰属させる議論においては、主権の侵害に対して、対外的には排他、攻撃的なり、対内的には求心、防御的になるだろう。とくに民族としての啓蒙心を強めるために、「伝統」、「精神」、「ふるさと」、「ノスタルジー」、「アイデンティティ」といった概念を導入すると、運動は容易に愛国主義と結びつく。フォークロアがそういった観点から語られるとき、ナショナリズムの文脈に乗りやすいことは確かである。

端午節の場合、その起源が「愛国詩人」屈原の弔いに発するという伝

説があるために、いっそうナショナリスティックな次元で統合される。「愛国詩人」に関する「伝統民俗」が奪われることが国辱として感じられれば、「保護」という名の政策で、保護される対象となるのは、伝統民俗文化を媒介とした国家の存立になるだろう。

　今回の抗議運動において、全国のなかでも岳陽が一番熱心だったのは、そこが屈原ゆかりの土地だったからである。屈原の「ふるさと」岳陽には、人びとが愛郷心としての「ノスタルジー」や国民的英雄に接続する「アイデンティティ」を最も感ずる風土がある。そもそも端午節の本来の意義は、防疫祛病、避瘟駆毒にあったから、屈原と端午節を結びつけること自体、「伝統の創出」でしかない。しかし屈原は人びとの文化的記憶のなかで、「愛国詩人」として育まれ、今日愛国主義教育のシンボル的財産となって活用されている。

　韓国のマスコミは、今回の中国側の報道から、すでにこの文化ナショナリズム的な動向を鋭敏に感じとっていた。『朝鮮日報』5月10日は、「端午節の世界文化遺産推進が中国で物議[17]」と題した記事で、6日以降の白熱した議論の中にみられる中国側の反発を紹介し、また別の記事「中国の偏狭な文化宗主国意識」では、「文化宗主国意識」という言い方で中国の文化ナショナリズムを批判している。少し長いが全文を引用しておこう。

　　中国が、端午節（陰暦の5月5日）は中国の伝統的祝日だと主張し、韓国が江陵（カンヌン）端午祭をユネスコの「人類口伝および無形文化財の傑作」として登録しようとしていることに対し、「文化略奪」と非難している。
　　中国・共産党の機関紙である「人民日報」と中国・文化部の副部長（次官）まで率先し、「他国が端午節を世界の文化遺産として登録するとすれば祖先に顔向けできない」としながら「端午節の保護」を主張したという。

中国がいわゆる「東北工程」プロジェクトで韓国の高句麗（コグリョ）史を中国古代の辺境史の一部だと主張したのが数カ月前だ。中国が、韓国の歴史と民俗に対してその起源を突き詰め、縁故を主張するのを見て、国民のほとんどは不思議に感じていることだろう。

　中国と東アジアの幾つかの国々は、長い間交流を続け、お互いに影響を与え合い、各自なりの文化を育ててきた。今日の中国文化は古代から北方民族やモンゴル族など様々な隣接文化が流入し、既存の文化と相互作用して成り立ったことであることを否認することはできない。

　端午節は中国の楚の時代の詩人、屈原の故事がもとになってはいるが、韓国や日本でも古くから伝統祝日とされてきた。特に、韓国の江陵端午節は数十のクッ（ムーダン（韓国の巫女）が行う祭祀）やノリ（パンソリや仮面劇といった伝統劇）が結合した巨大な農耕文化祝祭として世界的な注目を浴びてきた。そのような理由で今回、ユネスコの「人類の傑作」に申請しようとしているのだ。

　ヨーロッパ文化もヘレニズムとヘブライズムの結合にその起源を置いている。ヨーロッパの大部分の民俗文化と伝統祝日も、遡ってみればギリシャやローマに到達する。しかし、フランスのある地域の祝祭に対し、ギリシャやローマがその縁故権を主張し、宗主国的な振る舞いをするといった話は聞いたことがない。もし、そんなことがあれば笑いの種となっただろう。

　中国が発展すれば韓国市場も発展するとし、外交通商の第1パートナーにすべきだと主張する韓国の純真で分別のない指導者らは、中国のこのような新文化帝国主義をどのように受け入れているのか分からない。

　多元的な交流と融合による文化形成の観点から見れば、「文化宗主国」的な発想は、旧態依然たる「中華主義」、「漢民族中心主義」でしかない。

それをこの記事では最後に「新文化帝国主義」という言い方で指摘している。

この記事で注目したいのは、端午節事件に対する中国の態度に、「東北工程」の高句麗史歪曲事件を重ねている点である。韓国のマスコミは、2つの事件に共通する中国側の自文化中心的な中華思想を感じとっていたのだろう。

先に岳陽市宣伝部副部長である蔡世平が、端午節を韓国が世界遺産として申請することは、「文化侵入でもあり、経済侵入でもあり、最終的には領土争いの口実になる」という発言をしたことを紹介した。端午節に領土問題を結びつけるは、どう考えても奇異で唐突であるが、おそらく高句麗問題をふまえて発言しているのだと思われる。高句麗と端午節の2つの問題は、いずれも韓国が対象国なので、中国からみても両者を重ね合わせたい気分になるのだろう。

端午節をめぐる中国のインターネットであらわれた意見の中には、暴言ともとれるものももちろんあった。朝鮮人は殷の後裔だ。かれらも中国の儒教文化圏に属し、中華文化の伝統継承者であり、言語は中国の方言の一つだ。文字を変えても根本は捨てきれない。朝鮮は中国の一部だ。いまは中国から分出しているにすぎない。というような意見は、韓国人の感情を逆なでするに違いない。幸いなことに大部分の韓国人は中国のインターネットなど見ていないから知りもしないことだが、しかし韓国のマスコミはアンテナを張っているので、こういう許容しがたい考えが依然として横行していることに憤懣があるに違いない。

4月に初めて紙上に登場し、5月に沸騰した「端午節保護戦」「端午節事件」論争は、6月半ばぐらいに終息していく。一般の人にとっては、詳しい事情もわからないなか、誤解部分もあって、はじめは韓国への反発意見が占めた。しかし同時に世界遺産の主旨と意義を説き、理性的な対応を求めた研究者の意見も出て、次第に問題は韓国への非難よりは、自

国の民間文化保護政策の欠陥と反省に焦点が移っていった。

　6月20日、中国民俗学会と北京民俗博物館が共同で「端午民俗研討会」を開催したが、もちろん議論の方向は偏狭な文化ナショナリズムを強めることではなく、「民俗復興」への足がかりを作ることにあった。しかし「復興」がどのような政策的背景をもって語られるかによって、ナショナリズムに奉仕する力ともなりうる。「文化財保護」という名の下での保護と活用も同じことである。中国の民俗学者たちが、民俗の復興や再生を唱えるとき、このような陥穽にすでに自覚的になっているかどうかはわからない。

　6月22日（2004年の旧暦5月5日にあたる）、湖北省秭帰県（ここは屈原生誕の地）文化局は湖北省文化庁に、正式に秭帰県の端午節を世界遺産に申請するよう要求している。6月に論争はひとまず落ち着いたものの、海外の動きを脅威と受けとめ、早急に行動を起こすべきだと考える愛郷・愛国的な風土を屈原の「ふるさと」から消し去ることはできない。それを払拭し、「人類の普遍的文化財産」というグローバルでより高い視点に立つことは、そうたやすいことではないだろう。

5. おわりに

　本稿は高句麗と端午節の2つのトピックを取りあげてきた。一言でいえば、高句麗問題では、韓国の歴史ナショナリズムが中国を「歴史歪曲」と非難し、端午節事件では、中国の文化ナショナリズムが韓国を「文化略奪」だと批判する出来事であった。この2つに共通する点は、歴史文化遺産である。いずれもユネスコの世界遺産登録にからんでいた。それは両国のアイデンティティや愛国的なナショナリズムと切り離して考えることができない問題である。つまり文化財の世界機関への申請や登録という行為は、表立った形では歴史や文化の問題をあつかっているのだが、深層では実はきわめて政治的で、ナショナル・アイデンティティの

維持や強化にかかわりがある。このことを高句麗問題では歴史意識、端午節事件では文化意識を中心に考えてきた。

国家という視点からみて、この2つの事件には次の3つの特徴がある。
1, 高句麗は政府主導の歴史解釈であるが、端午節は民間の一部学者が政府関係の文化部に働きかけ、そのあと中央の文化部や地方政府（湖南省）が動いた点。つまり単に民間の論争ではなく、国家政府が関わっている。
2, いずれも一方の国だけで議論が沸騰し、相手国の世論はほとんど反応がない点である。つまり高句麗は韓国で、端午節は中国で騒動となったが、当然のことながらそれは被害者と考える立場の国だからである。
3, いずれも世界遺産登録にからんでいる点である。登録をめぐる利害関係が政治的駆け引きとなって表面化した。歴史や文化レベルの議論のようにみえるが、実際はベールをかぶった政治問題だからである。

なお最後に指摘しておきたいことがある。本論で問題にした高句麗問題、端午節事件について、その情報はほとんどインターネット上で収集した。このことはあらためてナショナリズムとメディアとの関係を考えさせるだろう。周知の通りベネディクト・アンダーソンは近代国家におけるナショナリズム形成にプリント・キャピタリズム（出版資本主義）やメディアが果たした役割に注目している（ベネディクト・アンダーソン 1987）。今回の2つのナショナリズムに関係する事件も、官営メディア、外務省ホームページ、公教育に使われる教科書、学説形成のための学会や国際シンポジウムなどが総動員された。世論の形成にそれらがはたした役割は大きい。

特にインターネットでの情報は一瞬にして同時に広域的に伝達され、それに対して即座に反応が生じ、参加型の満足感とともに支配的な言説を創造していく。情報が客観的に検証されるための手段も時間的余裕もないままに宣伝活動が進展していく危険性を宿している。その意味で今

回の2つの事件は、メディアのもつパワーが、人々の視線をくもらせた象徴的な現象としてとらえることができるだろう。

注

1) 古朝鮮の彊域図を90年度版の教科書と92年度版とを比較してみると、後者ではその勢力範囲が約3倍に膨らんでいる（下条正男2001：14）。わずか2年の間になぜそんなに拡大したかというと、間島（吉林省延辺朝鮮族自治州）が加入されたからである。
2) 以下に引用する『中央日報』、『朝鮮日報』の記事は、すべてインターネット日本語版による。ただし煩雑になるためURLはすべて省略する。
3) 「高句麗帰属問題　韓国、中国に"抗議"歴史紛争、外交問題へ発展」『産経新聞』2004年8月7日
4) 同上、『産経新聞』同日付。
5) 中国が高句麗や渤海が国土の一地方政権というとき「国民国家」を想定している。しかし中国において、「国民国家」というような概念は、中華民国以降になってはじめて通用する概念である。岡田英弘によると、近代以前には「中国」という「国家」も「中国人」という「国民」もいなかった。商業、軍事を中心に皇帝を頂点とする周辺の都市とのネットワークがあっただけだという（岡田英弘　2004：64）。
6) このことと関連して、韓国が高句麗史歪曲を皮肉った風刺漫画を紹介しよう。2004年1月7日の『朝鮮日報』（日語版）に載っているものである。
高句麗の広開土大王の碑に、弁髪姿の中国人が「中国辺境少数民族の将軍」と書いているのをチンギスハンが見て、「この野郎！！！じゃ、わしもそうなのか」と怒っている。実際、中国ではモンゴルの英雄チンギスハンも中国人にしてしまうような出来事があった。2004年8月から放映された内モンゴル制作の連続テレビ歴史ドラマ「成吉思汗（チンギスハン）」は、推測ではこのドラマが国内のモンゴル族を刺激し、汎モンゴル主義が台頭するのを当局が恐れ、な

かなか放映許可がおりなかったものである。しかし紆余曲折があり、大幅に再編されてやっと放映が許可された。そのドラマでは、チンギスハンはあくまで中華民族の英雄として描かれている。モンゴル族のなかで、「なぜ彼が中国人の英雄なのか」という憤懣があったといわれる（ボルジキン・ブレンサイン「政治に翻弄された大河ドラマ」『朝日新聞』2004, 10, 9 朝刊）。しかし「国民国家」を前提にしたいまの中国民族政策理論からいえば、国民は中国人であり、それは中華民族である。国内の少数民族はこの中華民族の構成員である。ゆえにチンギスハンはモンゴル族といえども、中華民族の一員であるのだから、中国人の将軍であるという認識になる。

7) 劉京宰 2005 第7章、p216 – 8 参照。
8) 劉京宰氏の教示による。
9) 「高句麗問題で中国に「遺憾」　盧武鉉・韓国大統領」『朝日新聞』2004 年 8 月 28 日朝刊。
10) 「〈中国の高句麗史編入〉　南の各界、「容認しがたい」と反発」『朝鮮新報』04, 1, 23 など。
11) 『中央日報』04, 8, 22 に引用された『朝鮮新報』
12) 「保存で交流、日本に期待　北朝鮮の高句麗壁画古墳」『朝日新聞』8 月 27 日夕刊。
13) 『人民日報』の同日海外版では「端午節怎么成了別国"遺産"？」と題し、同内容の記事が掲載されているが、字数は短縮されている。
14) 本章では情報のほとんどをネットから得ている。出所は煩雑になるので記さないことをお断りしておく。
15) 文化ナショナリズムを吉野耕作は、「ネーションの文化的アイデンティティが欠如していたり、不安定であったり、脅威にさらされている時に、その創造、維持、強化を通してナショナルな共同体の再生をめざす活動」と定義する（吉野耕作　1997：11）。わたしも本稿では、そのような意味として使用しておく。
16) 「湖南保護端午節」の HP は
http://news.sina.com.cn/z/duanwujie/index.shtml でみることができる。
17) 『朝鮮日報』: 2004 年 5 月 10 日　「端午節の世界文化遺産推進が中国で物議」に次のようにある。
　　端午節（端午の節句／陰暦 5 月 5 日）は中国の伝統的な祝日であるとして、韓国が「端午節の行事」を国際文化遺産に登録する準備を進めていることに反発している中国は、端午節など伝統的な祝日を法定の

祝日に定める動きを見せている。

　北京晨報は10日、「アジアの某国家が端午節をユネスコの無形文化遺産として登録しようとしているが、これに対し中国人らは伝統文化保護が緊急非常事態に及んでいることを知るべきだ」と報道した。

　同紙によると、中国の全国人民代表大会（全人代／国会格）の羅益鋒代表と同じく代表の紀宝成・人民大学学長（総長）、邱永君中国社会科学院・歴史学博士らが端午節を法定の祝日にするなど、伝統的祝日の保護を積極的に進めている。

　中国のこのような反応は江原（カンウォン）道と江陵（カンヌン）市が今年6月、江陵国際観光民俗祭を開催、これを機に2005年の端午をユネスコの無形文化遺産に登録する基盤を整えようとしていることに反発したもの。

参考文献

岡田英弘　2004『中国文明の歴史』講談社現代新書
高丙中　2004「"端午民俗研討会"上衆学者論"民俗復興"」『民間文化論壇』総137期
江陵市　2004『江陵の無形文化財』江陵市文化観光福祉局
櫻井龍彦　2004「高句麗はいずこへ」『東北アジア朝鮮民族の多角的研究』ユニテ
下条正男　2001「何が相互理解を阻害してきたのか－日韓歴史教科書問題」『現代コリア』8月号
朱大可　2004「文化口喫与学術真相」『南風窓』2004,7,1
逵志保　2004『徐福—いまを生きる伝説』新典社
白庚生　2004「民間文化与文化主権」『民間文化論壇』総140期
ベネディクト・アンダーソン　1987『想像の共同体』リブロポート（のち1997 NTT出版）。原書は Benedict Anderson 1983, *Imagined Communities*
吉野耕作　1997『文化ナショナリズムの社会学』名古屋大学出版会
劉京宰　2005『中国朝鮮族のエスニシティ形成と拡散に関する研究』2004年度名古屋大学大学院国際開発研究科提出博士学位論文

インターネットサイト

『中央日報』日本語版　http://japanese.joins.com/
『朝鮮日報』日本語版　http://japanese.chosun.com/

追記

　本稿の初校が出たあと、2005 年 11 月 25 日、ユネスコが新たに 43 件の「人類の口承及び無形遺産の傑作」を選出したニュースが報道された。そのなかに江陵市の端午祭が入っていた。選考は隔年でおこなわれていて、今回は 2001 年、2003 年についで、第 3 次の認定である。本文では韓国が江陵端午祭をユネスコに申請する準備をしていることまでは言及したが、現時点ですでに傑作のリストにのったことを追記しておきたい。

　ちなみに今回、中国では新疆ウイグル族のムカーム（音楽）、日本では歌舞伎が選ばれた。

中国から日本へ
獅子に見る受容と変容の一形式

春日井　真英

1. はじめに

　日本はかって世界を東西でつなぐ大交易ルート、シルクロードの東端のターミナルであった。この交易ルートを通じて様々な文化が伝播していた。それらは現代のIT技術の下では瞬時に行われうるものであろう。だが、歴史の中では中国を媒介とし、数十年、時には数百年の時間をかけて、遙か西方からこの国に渡来したのである。つまり、日本は中国を媒介として、はるか西の諸々の文化とつながり、それを我々の中に結実させて来たのである。その過程では、中国はある種の濾過器的存在であったといえる。それは中国に流入してきたものが、すべてそのまま日本に伝達されたからではなかった。日本に受容されたものは、いったんは中国で受容され、そこで熟成するという過程を経てきた。また受容する日本側にもそれなりの受け皿を構築する必要があった。そこでの時間とは受容する物に対する検討時期でもあった。このことは今更改めて論じる必要はないかもしれない。だが、そこには日本の文化受容の姿勢を見て取ることができよう。今回、この国に中国から何が伝わり、何が根付いていったかを考えて見たい。

2. 瓦を通して文化受容を考える

　筆者は、最近民家の瓦の意匠に興味を持ち、研究を行っている。これまで瓦の研究領域は考古学、歴史や建築の分野のものと考えていた。ここでは瓦の意匠から文化の変容と受容の姿を考えて見ることにする。

　瓦の意匠の研究を始めて筆者は、まだそれほど経験を重ねていない。しかし、現代の瓦を見るだけでもその意匠の多様性に驚かされる。『日本書紀』や『元興寺伽藍縁起并流記資財帳』によれば、「崇峻天皇元（588）年に奈良県高市郡飛鳥寺の造営が始められ、この年に百済から四人の瓦作りの技術者が渡来した」と伝えている。つまり、歴史的には瓦が日本文化の中に現れたのは今から千五百年ほど前と言うことになる。また、軒平瓦の模様はすでに考古学界では編年資料となり、歴史研究の重要な基準資料でもある。だが、瓦屋根の家は枕草子[1]によれば、けっこう暑く、ムカデなど虫が良く出てくるので評判は今ひとつらしかった。そのころとしては、異国風のモダンな瓦葺きの建物は実際に暮らす人々にとって、風土、気候にはそぐわないものであったのだろう。ここでは寺社、民家などに見る飾り瓦から考察してみようとするものである。

　すでに触れたように、瓦文化が日本に伝来したのは六世紀である。しかし瓦の歴史は古く、すでに漢代の画像磚[2]に瓦葺きの倉庫の図を認めることができる。つまり、中国ではすでに瓦は一般的なものであった。敦煌の第275窟（北涼421〜439）、北壁の菩薩像の龕を覆う屋根や第254窟南壁中央のサッタ太子本生譚[3]の壁画にも瓦屋根の存在を見ることができる。壁画では、建物の大棟の端に鴟尾などの意匠も見て取れる。この事は、すでに中国では一般的になっていた瓦の製法が漸くにして半島を経由して日本に入ってきたことを意味する。敦煌の壁画では第15窟、観経変相、第61窟の五台山大建安寺の壁画[4]に立派な瓦葺きの建造物を見ることができる。もちろん、日本でも古刹や大寺院などではすでに平安時代頃から瓦が葺かれていたことは知られている。また江戸時代の中期以

降になって町の防火という面から、ようやく江戸では桟瓦が庶民の家にまで普及するようになったと言う。つまり、瓦の普及の背景には防火の意識があったことになる。このように資料では瓦の歴史が古いことが知られるが、日本では一般庶民にまで瓦が普及するようになったのははるか後で大正末から昭和と考えても差し支えないであろう。東三河などの小さな神社などでは保守、管理などの側面から瓦葺きになったのはようやく大正末あたりだという。もちろん、そこには社会経済的な側面もある。だが、そのような寺社を見ているうちに気になるのが、図1のように屋根の上で逆立ちするかのようにはねる獅子である。また神社や仏閣などでは図2の狛犬あるいは獅子が拝殿の前に鎮座している姿である。

[図1] 愛知県三河一宮町　上長山中　素盞嗚神社拝殿上の飾り瓦、獅子

[図2] 京都清水寺前の狛犬

3. 狛犬、あるいは獅子について

　この狛犬は平安時代、仏教が国教化し、神仏が習合される思想の中で、清涼殿の天子玉座の帳台御前の左右に〈獅子形〉（唐獅子木像または鋳像）を配する慣例が成立したといわれている。また大日如来の垂迹神、天

照大御神の神子たる天皇の神格を〈王法即仏法〉の考え方によって権威づける儀礼でもあった（『江家次第』）と言う。この段階では、唐獅子は仏法のみならず、邪悪なものを退け、国家鎮護を祈念する形代として呪術的な機能が賦与されていたわけで、これを〈ししこまいぬ（狛犬）〉とも呼んだ。仏寺や神社の門前の左右に狛犬を配する風習も、これにかかわりがあると考えられている。

　すでに、仏教伝来の頃から獅子は、平安時代中期の興福寺供養における〈獅子舞〉や、〈獅子頭〔ししがしら〕〉と呼ばれる獅子舞芸能が田楽や猿楽と並んで民間に流布していたものと理解されている。その背景には恐ろしげな獅子がその威容をかりて、邪悪なものを除祓する呪術的な意図があるとされ、中・近世の間、断続しつつ、今日の民間芸能の〈獅子舞〉になったという。だが、獅子舞になぜ除祓の手段があるとされたのかは疑問の残るところである。ただ獅子の恐ろしげな表情に邪悪なものを除祓する機能があると言う説明しか行き当たらない。確かに、獅子の恐ろしげな表情、眼差しの背景に『聖なる』ものの存在を見立てるとしたら、そこに「邪悪」なるものを近づけさせない呪術的な機能が生まれることは否定できない。これが除祓機能になると言えば、納得はできる。仏像彫刻の領域では獅子座（すでに獅子という表現がある）あるいは玉座を護る存在として獅子の像が仏像彫刻を安置するための台の脇や上に見ることができる。この仏の台座は、古くは仏座ともいい、また金剛宝座、金剛座、獅子座とも呼ばれ、これは仏の座すところはいかなる悪魔外道もこれを侵すことができない堅固な座であることを象徴するという。釈尊成道の地、インドのブッダガヤーの菩提樹下には、釈迦の座としての金剛宝座が安置されている。これは獅子座といって、獅子の彫刻をその前面にあらわすものがある。これは釈迦族の獅子とよばれた釈迦を象徴するものであり、同時に説法獅子吼〔ししく〕した釈迦を象徴するものと見なされている。また他には蓮華をもって仏座とすることは、インド以来の伝統である。この種の歴史は古い。蓮華に座すものとしてはク

シャーン朝期（三世紀）の釈迦説法図[5]またアマラーヴァテイ出土の仏塔図（アーンドラ朝　二世紀後期）[6]、および仏座像[7]などの台座に獅子、ライオンが見受けられる。なお注16でサーンチ第1塔東門の裏側中段の獅子の意匠について触れたが、そこの獅子は有角であり、他の獅子との組み合わせによっては、この意匠は我が国の神社などでの狛犬・獅子の組み合わせとなる。また、同書では図72には手綱をつけたライオンに乗る二人の像が見られるが、男性としか判らない。

　ところで、松平美和子氏[8]によると日本では獅子はライオンと同義に用いられていると言う。中国の《漢書》西域伝では、西域伝来の動物とし、後世の注釈者は狻麑（猊）〔さんげい〕は、「中国の虎豹をも食うという狻麑（猊）〔さんげい〕にあてられている。獅子（ライオン）は百獣の王といわれ、その威厳ある姿は古くから動物闘争文（アニマル・スタイル）や狩猟文などに好んで用いられた。ウル第1王朝期以降の遺物にみられる動物闘争文には牛にかみつく獅子文があり、狩猟文としてはアッシリアのニムルド王宮の壁面彫刻にもあらわれ、特に馬上から騎士が身を翻して獅子を射る姿の獅子狩文はアッシリアよりペルシアまで銀皿などにさかんに用いられている。獅子狩文では獅子は必ず前足を上げて立ち上がり、尾をぴんと上げ口を開けて咆哮している。中国から伝来した日本でも、法隆寺の〈獅子狩文錦〉には同形の獅子がみえ、また正倉院の〈花樹獅子人物文白橡〔つるばみ〕綾〉の中央の花樹の左右に対置する獅子も同じ姿勢である。他にも正倉院の〈紫地獅子奏楽文錦〉の獅子奏楽文をはじめ、獅子遣い文、獅子頭文、獅子丸文、獅子の丸蛮絵などがある。

　このように獅子の意匠は西域伝来であり、ペルシア起源だといわれ、メソポタミアでは紀元前十九～十八世紀にマリの王宮に隣接したダガンの神殿の入り口にブロンズのライオン像があったという。これは、「ダガン神殿のライオン」[9]として悪魔が神殿の中に入らぬように守っていると

解されている。つまり、現在の神社、仏閣などでの狛犬、あるいは獅子と同じ視点を保っていることになる。ライオンを抱くギルガメシュの像[10] スーサの宮殿の側面を飾る歩くライオン像[11]は、日本の獅子とはまた異なった印象をもたらす。メソポタミアのように壁面を飾るライオンを魔除けと見れば素直に日本の獅子・狛犬に通じてくるが、ライオンを抱くギルガメシュでは神話の一場面の表現となり、彼の力および自然との調和を暗示していると理解できる。だが、日本では時代こそ下がるが獅子には宗教的な意図があり、単なる権威の象徴とは微妙に違う受容のされ方がなされていたと考えられる。つまり仏教、より厳密な表現をすれば密教的な要素とともに受容されてきた背景が問題となる。ライオン、あるいは獅子の姿は古く両界曼荼羅の胎蔵界の最外院にその姿が見える。そこは大日如来の衆生救済の慈悲と智恵とが六道輪廻に及ぶところと解されている。また文殊菩薩は釈迦亡き後の仏法実践者として理解されていることから、そこでの獅子は釈迦に代わるものとして象徴化されていたことが伺われる。やがて九世紀、円仁によって文殊信仰が伝えられた。このときの獅子は文殊菩薩の乗物であると同時に、大日如来の乗物でもあった。そのことは救済者としての大日如来と、仏法の継承者としての文殊菩薩が融合した姿を象徴するためのものであったのかも知れない。そして本地垂迹説では大日如来の垂迹は天照大神であり、それが天皇に顕現すると言う意味で、平安時代には清涼殿の天子の玉座の左右に獅子が置かれたという。これは、大日如来の信仰とも結びつくだけではなく、仏法の継承者としても文殊菩薩と天照の系統を引くものとしての天皇を位置づける思想にもちいられて行ったのであろう。

　ところで獅子の意匠は、はるか西北アジアを起源としていることから実物を知らない意味で獅子の意匠の受容は微妙なものが有ったと考えられる。この種の獅子が、いつ頃中国に流入したのかは特定できていない。だが、敦煌莫高窟の壁画ではライオンが獅子として受容されている事が

伺える。そればかりではなく、寶草華がパルメット唐草文を基としてその時代にふさわしい花のイメージに変容していった姿も読める。この華のイメージにはボタン（牡丹）、シャクヤク（芍薬）、フヨウ（芙蓉）などがあったと考えられるが、次第に人々の好みと合わさって牡丹に変容していったとみることも出来る。この獅子と華の組み合わせは獅子狩文などの意匠から考えて西域的なそれの受容と変容の一形態と考えられる。しかし、その組み合わせの原型は不明である。さて、敦煌の壁画でも獅子を権力の象徴と見なすべきかも知れない。釈迦を転輪法王として究極の精神的支配者と位置づけ、そこに権威を認めることは容易だからである。ところで、敦煌莫高窟のライオン、あるいは獅子の描かれている壁画の年代が北涼から唐の時代のものであることを考えてみると、その受容の年代が判明してくる。そして図の意匠から、実物のライオンを見知っていた時代と、そうでない時代とを伺うことができる。つまり唐獅子の誕生である。ところで問題の獅子座、あるいは椅子に見るライオンの意匠は、古代エジプトの第四王朝（紀元前2613ca〜2494ca）にまで遡る。カフラー王椅像の玉座の脚にライオンが彫刻されている（紀元前二五〇〇年と推定）。この影響を受けたのが、古代ギリシアの高い背もたれと足台を備えた肘掛椅子（トロノス thronos）であり、国王の玉座となった。ローマ人はこの形式を継承し、木材のほかに大理石やブロンズを素材として豪華な彫刻の飾りをつけたソリウム（solium）とよぶ玉座となり、また帝政期にはセラ・インペラトリア（sella imperatoria）とよぶX字形の折りたたみ式の椅子が皇帝の執務用の椅子として登場した。これらの椅子に見られるライオンには、そこに座る人と百獣の王を同一視する視点があることは容易に理解できる。先にも触れたが、日本では玉座とは一つに天皇が朝儀の際に着座する御座所を指す場合と、御所の紫宸殿や清涼殿の殿上の間で、群臣の拝を受ける際に着座する御倚子〔ごいし〕のことを指すという。後者は紫檀または黒檀で作られ、座面の両側と後部に低い勾欄〔こうらん〕を備え、鳥居形の背をつけた方形のものと言

われる。その素材は、紫檀、あるいは黒檀であるという。また、玉座に獅子の意匠がなかったのは、その繊細な構造に拠ったからであろう。その代わりに、玉座の左右に獅子あるいは狛犬の像が置かれた。日本での獅子の意匠は、奈良・平安時代にまで遡ることはできる。

　ところで、このライオンが唐獅子、狛犬にどのようにして変容していったのであろうか。実物を知らない事から空想的に描かれるようになったことは容易に理解できる。また、ライオンから、獅子と狛犬という二つに分かれていったプロセスも気になるが、ここに日本式の受容・変容のダイナミックスがあったと考えたい。だが、インド、サーンチーの有角の獅子のレリーフを見ると扱いには慎重さが求められる。中国式の獅子が日本で受容され、変容していく過程には本地垂迹で現される世界観が仏教のそれと互いに影響しあった結果なのかも知れない。つまり、受容された獅子が日本的に変容していく過程で、より古式のインド的様式が日本で復活され、より釈迦に近づける意図が示されたと考えたい。そこには中国から受容されたインド文化に対する意識が強調されたのが、角を持った狛犬であろう。古式に近づく変容、それはより仏法に近づくためのものであったと理解したい。それに対し中国的な仏教要素を持つものが、より獅子に近い形で唐獅子へと変容されていった。初めは厳密に両者は区別されていたものが神仏習合の過程で融合し、狛犬と獅子との違いが不明確になった経緯が浮かんでくる。この過程は平安時代の仏教が国教化し、神仏習合の思想が形成していく過程で、清涼殿の天子玉座の帳台御前の左右に〈獅子形〉(唐獅子木像または鋳像)を配する慣例が成立して行った事からも伺える。つまり、大日如来の垂迹神、天照大神の神子たる天皇の神格が〈王法即仏法〉の考え方によって権威づけられた儀礼であった(『江家次第』)。この段階では、唐獅子は一面において仏法の守護、他方においては邪悪なものを退け、国家鎮護を祈念する形代としての呪術的な機能が賦与されたことになり、これを〈ししこまいぬ(狛犬)〉とも呼んだ。仏寺や神社の門前の左右に狛犬を配する風習も、

これにかかわりがあると考えられる。それは古い狛犬に比べて平安時代末期以降の狛犬は、極端に唐獅子の形状に近づいてゆくからである。この時期の独立した唐獅子のイメージは、伝鳥羽僧正の『鳥獣戯画』(十二世紀末)で見ることができる。

4. 獅子と曼荼羅あるいは大日如来

さて、密教の両界曼荼羅の胎蔵界の最外院の中に獅子の姿があるとすでに述べた。この曼荼羅の中の獅子は大日如来の信仰との関連を意味するが、やがて円仁によって、九世紀に伝えられた獅子は文殊菩薩との関連を示唆するものであった。大日如来と獅子の関係はインドにまで連なっている。朴亨國はその論文[14]「金剛界大日如来と七獅子蓮華座」で、獅子が太陽神の象徴としてインドでは早い時期から仏・菩薩像の台座に表現されていて、一頭ないし二頭の獅子座上に尊像が座る作品はインドのみならず、インドネシアや中国、韓国、日本にも及ぶと指摘し、そのルーツはペルシアにまで及ぶと見る。これにつながるかどうかは判らないが、ライオンがキューベレ女神の乗った車を引く紀元前三世紀とされる図像がアフガニスタン国立博物館にある。[15]獅子、あるいはライオンと神との関係は興味深く、その伝播と受容の過程は次のテーマでもある。

ところで、朴亨國氏はこの獅子の意匠が密教の金剛界大日如来や一字金輪仏頂、華厳の毘盧遮那仏の思想にあると指摘する。だが彼の関心は、七頭の獅子の上に座す大日如来に及んでいる。だが、問題なのは、大日如来を本地垂迹の太陽＝天照と結ぶとき、インドではライオンが出てこないのである。紀元前後のサーンチー塔門のレリーフには馬のように手綱を付けてライオンに跨る人物の姿を見る。しかし、彼らがなにものかは不明である。ただ、ライオンに騎乗するものとしてドウルガー女神がいるということを記しておきたい。さらに注目すべきは有翼のライオンがこの門では確認できる。狛犬の原型として見るべき有角の獅子の姿が

サーンチ東門の裏面の中段梁に見受けられることである。これは、聖樹の前、右に位置するものであるが左のものには角は見えない[16]。ここに狛犬の原型をインド、サーンチーの東門に求めることができる可能性が出てきたことになる。この図はサーンチ第一塔東門のそれであることから、紀元前三世紀あたりのものと考えて差し支えないであろう。ところで、獅子と大日の関係が密教の中で明確になるのは九世紀になってのことである[17]。この獅子の顕れ方が問題となる。本来インドの神話リーグベーダやヴィシュヌプラーナなどでは太陽神スーリヤは七頭立ての馬が引く車に乗っていることになる[18]。さらに、白い馬が太陽の象徴とされていることなどから、太陽に通じる大日如来の台座には、本来的には馬が描かれるべきだったのかもしれない。現在でも神社では白馬が神馬として奉納されている。この日本でも、いつごろ馬が獅子に置き換わったのかを検討するのも面白い。だが、獅子を太陽の象徴に通じる大日如来に関連させていくことがなかなかできない。しかし、奈良・西大寺の十二幅の十二天像では月天は胎蔵界曼荼羅外剛部院のように三鵝に乗るものではなく、日天と同じく三頭の馬に乗る姿を見る[18]。これは図像的に十二天像として整う以前の形だといわれる。つまり、九世紀の段階では太陽としての日天は「十二天像」では獅子ではなく、馬に乗っている事が判る。この馬から獅子に乗り換える背景をここでは論じないが、大日如来と獅子の関係は宗教と政治がらみの世界が関わってくるのであろう。

さて、再確認であるが本地垂迹では大日如来の垂迹は天照（あまてらす）大神であり、その天照が天皇に顕現すると言う理解の基で、平安時代には清涼殿の天子の玉座の左右に獅子が置かれたという。これが狛犬の原型だとされている。しかし、すでに触れたようにインド、サーンチー、第一塔東門の裏側のレリーフの有角のライオン像が紀元前三世紀あたりに狛犬・獅子の構造を形成していることは無視できない。

本来ならば狛犬と獅子を厳密に区別して論じなくてはならないのであるが、ここでは神社、仏閣に並ぶ動物の石像は一律に唐獅子と呼ばせてもらいたい。ただ、明確に角を有しているものを狛犬としたい。この分類が正しいか否かは不明であるが、我々の先人達は明白に獅子と狛犬を意識していたことは次の一文から明確になる。野間清六氏と光森正士氏[20]は、狛犬と獅子の問題について次のように説明している。
　「神社や仏寺の門前に置かれている獣形の像をいう。その起源はペルシアやインド地方にあるが、日本ではその異形な姿を犬と思い、日本犬とはちがっているので、異国の犬すなわち高麗〔こま〕の犬と考えたのである。したがって狛犬と獅子と形を混同したものがあるが、平安時代には明確に区別していた。たとえば清涼殿の御帳前や天皇や皇后の帳帷の鎮子〔ちんず〕には獅子と狛犬が置かれ、口を開いたのを獅子として左に置き、口を閉じ頭に一角をもつもの（人の邪正をよく知るという獬豸〔かいち〕といわれる獣）を狛犬として右に置いた。」
　ただ、岐阜県垂井の南宮社の狛犬とは位置が左右異なる。しかも、小さな神社の中に見る有角の狛犬は、社殿から見て右に吽形のものが置かれているのを眼にする。また当時の舞楽には獅子と狛犬があり、信西の『古楽図』の中にその形が見える。しかし後世、二つは混同され、神社や仏閣に守護のために置かれた獅子は、しだいに犬の形となり「狛犬」と呼ばれるようになり、また舞踊では獅子の雄壮な形姿が喜ばれてもっぱら獅子舞が広布し、狛犬の舞踊のほうは衰滅してしまった。神社や仏寺の前に狛犬が置かれる理由については諸説がある。

　図3は、岐阜県、垂井町にある南宮社の南大門の狛犬のように吽形のものは一角を頭頂に有している。ここでは本殿から見て左に吽形有角の狛犬が、右に阿形の無角の狛犬？、獅子が配置されている。神社では両方とも狛犬と言っている。また、東三河では獅子舞の獅子頭に宝珠、一角もしくは二本の角を有しているものを見ることもある。これは芸能と

しての獅子舞の獅子の混乱を示すものなのかもしれない。この考え方に従うならば、図5、6、7に見る東三河各地の角などを持つ獅子頭は失われていった狛犬舞（獅子舞に対比する）の名残となる。また、図6の獅子頭に角が二本あるものを指して地元では「諏訪信仰」との関連がささやかれたりしている。つまり龍に見立てられ、諏訪信仰との絡みで見られていることもある。

東三河の各獅子頭は、祭礼での使用状況から損傷を受け、頻繁に造り直されたりしている。しかし、古いものをできるだけ忠実に模倣しているところから形状そのものには大して変化はないかも知れないが、その制作年代が異なるので、並列で論じることはできない。

[図3] 岐阜県垂井町　南宮社　狛犬　吽形
一角付き　社殿より、むかって左に位置する

[図4] 垂井町　南宮社　狛犬　阿形
角なし。これは社殿より向かって、右に位置する

5. 屋根の上の獅子たち

ところで、筆者の関心は屋根の上の獅子にある。図9のように清水寺では前肢をしっかりと伸ばした獅子が屋根の上にいる。この種の獅子は筆者には初見であった。このような意匠の獅子は新しいものかもしれない。屋根の上の獅子は、図1の獅子のように下り棟に飾られているだけでなく、民家でも跨ぎ巴に獅子が付

[図5] 東三河 三河一宮町・上長山 八幡社 一角を持つ獅子頭

[図6] 豊橋市下条・素盞嗚神社 角が二本ある

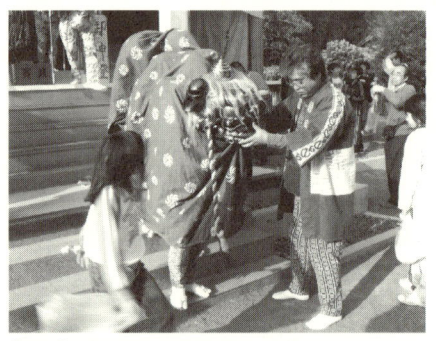

[図7] 豊川市・長草地区・素盞嗚神社・獅子頭の宝珠が見える

いている事例（図10および神社の例として図11に）を見ることができる。普通は民家の屋根に獅子などは飾られないと考えていたが、京都市内清水寺近辺の商家などでも見受けられることから獅子の飾り瓦の受容のされ方に多様性があったのではなかったかと思慮される。

筆者は、狛犬あるいは獅子をグロテスクという言葉で処理することを潔しとしない。獅子舞など芸能の獅子にはその技が長年にわたって伝承継続させてくる背景にある力の存在を考えてみたい。それは、神話的な力を示すのかも知れないし、単なる創作であるのかも知れない。だが、神社、仏閣で出逢うさまざまな獅子や狛犬の背景には大きな力が隠れていると考えたい。

日本国内の獅子・狛犬の例としては、伊東史朗[21]によれば、日本における獅子を確認できるのは、法隆寺金堂内陣東の間に安置されている金銅薬師如来像の

[図8] 京都清水寺の屋根の獅子

[図9] 清水参道脇で見た獅子

[図10] 都祁・大友周辺の民家・跨ぎ巴に獅子

台座とされ、推古十五(607)年の造像銘それ自体には疑問があると言う。ただ、制作の実年代にはそれほどの変化がないと考えられている。さらに、これに続くものとしては皇極二(643)年に建立された山田寺金堂基壇に確認できるという。これは中国六朝時代の鎮墓の霊獣とは明確にその性格は異なる。釈迦、あるいは仏を守るものとしての獅子ははるかインドに於いてはアヒチャートラ出土の仏三尊蔵の台座(二～三世紀)などで明白である[22]。しかし、獅子に対する意識はアショーカ王柱頭の意匠などを比較すれば異質であることは明白である。

日本での獅子の大寺や堂宇に安置された奈良時代の記録は元興寺南大門の金剛力士・獅子については『菅家本諸寺縁起集』、薬師寺南大門の金剛力士・獅子形は『扶桑略期』・『薬師寺縁起』に見ることが出るという[23]。それらの中で著者が注目したいのは、正倉院の柄香炉の獅子である[24]。とくにこの香炉の文様が牡

[図11] 上都祁 都祁水分神社社殿 跨ぎ巴

[図12] 京都清水寺の獅子

[図13] 京都清水寺の鬼板・獅子

丹に見えることを重視したい。

　一般的に我々が眼にする獅子・狛犬は腰を下ろし、前足を張り、胸を反らすように作られているが、図13、14のものはその前肢で花（牡丹？）と戯れている。この意匠は大変興味深い。

6. 獅子、その背景に潜むもの

　なぜか屋根の上の獅子は逆立ちをする形で飾られているのが多い。ところによっては牡丹の花もある。この獅子と牡丹という組み合わせは、単なる僻邪（魔除け）と言う視点を再考させるものかもしれない。すでに、石像の狛犬、あるいは獅子が神社などの社殿の脇に鎮座している。そればかりではなく、時には地方の神社では、社殿前の狛犬（獅子）の他に、社殿の中にも狛犬（これは角を有していた）が二組ほど在るのを見ている。社殿は、獅子・狛犬によって二重、三重に守られるべき領

域ということは巧みに獅子・狛犬の配置が象徴している。この姿は、先に触れたサーンチのライオン像の姿に当てはまる。つまり、有角のライオンが内側に、その外側に普通のライオンという図式が顕れてくるのである。この種の様式については今後の検討課題になるが、狛犬の

[図14] 奈良県桜井市内大三輪神社近辺

形式は中国から日本に来たものではなく、有角の獅子と、獅子という二重の聖獣が、聖なる樹木を護っているという意匠の原型をインドに求めることができるといえる。だが、敦煌の壁画ではそのような構造は未見である。

　筆者は、寺社の屋根の獅子が、ただの除祓あるいは魔除けとは考えない。その理由は、屋根の上の獅子には牡丹の花との組み合わせが多い事にもよる。牡丹と獅子、あるいは唐獅子という一見なんの整合性のない組み合わせの不思議さには「獅子狩文」の意味をも考えさせる。だが、ここでは大江定基あるいは寂昭法師と中国宋代の清涼山での逸話から考えたい。詳細は、『今昔物語集』巻第十九、「参河守大江定基出家話第二」に見るが、概略してみる。

　寂照（昭）？〜1034（長元七年）
　平安中期の僧。参議大江斉光の三男で俗名は定基。三河守在任中、愛人、力寿の死により道心を発し、寛和二（986）年出家した。東山如意輪寺に入り寂心（慶滋保胤〔よししげのやすたね〕）に師事し、源信、仁海にも学んだ。永延二（988）年ころから五台山（清涼山）巡礼のため入宋をたびたび朝廷に願い、寂心の没後、長保五∥宋の咸平六（1003）年8月

肥前を発し、9月明州に到着。このとき源信が《台州疑問二十七条》を寂照に託し、四明知礼に解答を求めたのは有名である。宋の景徳一（1004）年宋帝真宗に謁し、円通大師の号と紫袍を賜り、丁謂（丁晋公）らの知遇を得て帰国を断念し、姑蘇の呉門寺にとどまる。寂照の在宋間の事績は、寂照入宋に従った念救の一時帰国によって日本に伝えられ、藤原道長らは、長和四（15）年再度入宋する念救に寂照あての書状や砂金を託した。寂照は宋の景祐一（1034）年杭州に没したという。

　この寂昭が出家を決意するエピソードがあるが、これが重要な意味を持つと考える。

　今から、約1000年前　大江定基〔おおえさだもと〕は三河守に任じられた。任に在る時、別邸にて赤坂宿の長者の娘　力寿を側室に迎えた。まもなく力寿は懐妊、定基と力寿は幸せな時を過ごしたが突然、力寿は子を産むことなく、死ぬ。強い嘆きと悲しみの中で、定基はすでに冷たくなった力寿を七日間抱いて過ごすが力寿は腐乱し悪臭を放つようになった。
　定基は、世の無常を悟り自ら寂昭と名乗り僧としてその後生を力寿供養に奉げた。
　力寿の遺骸は別邸がある小高い山に葬ったので、ここを姫山（後姫ヶ城跡）と呼んだ。定基が僧となり建てたお堂が現在の胎蔵寺である。山号を保母山と言い、その後村名となり、町名として受け継がれた。現在の愛知県岡崎市にその地名、寺が残る。また、この山号、寺名には子供を為すことのできなかった力寿への思いもあろう。このような寺院に伝わる悲しい恋の物語が人々の同情を集め、広く知れ渡って行ったのであろう。
　寂昭の中国への旅立ちは遅く、44歳の時であった。

この寂昭・力寿の話に文殊菩薩と関連する話が見える。それを付け加えておく。

力寿姫菩提供養伝承

当山の文殊菩薩は、永廷年中(約千年前)大江定基公が三河の守であった時、赤坂の長者・宮路弥太郎長富の娘・力寿を迎え妾とし、姫艶美にして定基の寵愛を受くされど、俄かに病没。定基悲嘆の極、文殊菩薩の霊夢により、力寿の舌を切り、堂宇を建て、公の守り本尊たる文殊菩薩を祠り、恵心僧都に請うて阿陀三尊を造り、力寿山舌根寺を建て、力寿の菩提に資す。

以後、定基は世の無情を感じ、恵心僧都に随って出家、寂昭と云い、後宋土に渡り勉学 修行し、宋国王から円通大師の諡号を賜う。[25]

ところで、繰り返すが筆者が関心を持つのは図1のように、屋根の上で逆立ちし、遊び戯れているかのような獅子の意匠である。この種の意匠はなかなか少なく、東大寺八角灯籠の火袋[26]ぐらいしかない。これは飛雲をともない、空中を疾駆するかのように見える。だが屋根の上の獅子は軽やかにさらなる高見から降りてきたかのように見える。この他、正倉院には白石火舎のように後ろ足で立ち上がる獅子の意匠[27]を見るが、この種の意匠はまだ瓦では未見である。

さて、大江定基は恵心僧都に随って出家し、寂昭と云い、後宋土に渡り勉学 修行し、宋国王から円通大師の諡号を賜うほどの人物となるのだが、宋の清涼山で謡曲「石橋」の題材となる体験をするという。次に概略する。

石橋[28]〔しゃっきょう〕
能の曲名。五番目物。祝言物と言われている。作者不明。前ジテは樵

夫。後ジテは獅子。寂昭法師〔じゃくじようほつし〕（ワキ）が天竺に渡り、文殊菩醍が住むという清涼山〔しようりようせん〕にいたり、石の橋を渡ろうとすると、来かかった樵夫に制止される。樵夫のいうには、この橋は幅が一尺にも足らず、苔〔こけ〕ですべりやすく、下は千丈の谷底で、人間の渡り得る橋ではない。ここでしばらく奇瑞を待つのがよいと教えて立ち去る。やがて、菩薩に仕える霊獣の獅子が現れ、山一面真っ盛りの紅白の牡丹に戯れつつ、豪壮な舞を舞う。

　筆者の興味の対象である逆立ちする獅子は、まさにこの場面のものであろう。仏法の継承者としての文殊菩薩に仕える獅子の存在は釈迦＝仏法＝文殊菩薩という構図を示し、獅子の存在するべき意図を明確にしている。つまり、文殊菩薩は釈迦を象徴していることになる。

　寂昭は、この獅子の戯れを見ているうちに先ほどの樵夫が文殊菩薩の化身であったことを悟るという。ところで、承和五（838）年に入唐した円仁は、山西省五台山に生身の文殊菩薩が住んでいるという信仰に影響を受け、帰国した後貞観三（861）年比叡山に文殊楼を営み騎獅文殊像を安置した。つまり、九世紀に日本にもたらされた獅子は文殊菩薩の乗物であった。つまり、文殊菩薩と大日如来は獅子によってこの世に顕現する。文殊信仰は石橋によって、渡れない橋＝「人間と文殊（あるいは釈迦との＝筆者注）との絶対的隔絶」を表現するが、同時に獅子によって人間世界と文殊世界（仏法）との橋渡しが能などでは象徴されていることになる。また、味方健は、この石橋で舞われる獅子のメロディーは神楽くずしだと指摘する。これは舞楽から導入されたものであろうが、直接ではなく寺社に奉納する神楽、あるいは、より土俗的な神に捧げるそのメロディーが、職業化した大道芸としての獅子舞の手振りから輪入昇華したものであり、獅子舞の段ごとに達拝する神楽からの系譜を裏付けているとする。そして「獅子舞」は祭の中では、村人の中に入って人の世を予祝していく。また絵画においては獅子は、百獅子図という「百」の数を持って人の世を祝福する。近世以降に成立する鏡獅子、連獅子、執

中国から日本へ 獅子に見る受容と変容の一形式　187

着獅子、枕獅子、相生獅子などの石橋ものはいずれも、獅子はいるが橋の見えない石橋ものだった。橋は背後に遠のき、まるで人間のように絶望の前で戯れる獅子だけが芸能として残っていった。つまり、獅子の出現は文殊世界に象徴される仏法の世界と人間界をつなぐものとして見立てられる。その出現、その所作は本来、牡丹に戯れる愛らしさであり、その愛嬌によって、人の世に明るさと笑いをもたらす福の神としての機能を果たすようになったと考えられている。[31]

　再度、日本に於いて、獅子がもちいられるのは一体どこかを考えておきたい。仏教寺院では釈迦、あるいは仏像の台座に獅子がいることはすでに触れた。さらに、仏教伝来の頃、平安時代中期の興福寺供養における〈獅子舞〉や、〈獅子頭〔ししがしら〕〉と呼ばれる獅子舞芸能が田楽や猿楽と並んで民間に流布していたとされることにも触れた。だが、単にグロテスクさや、愛らしさだけで今日まで存続できたのであろうか？いや、獅子には仏法、文殊浄土へと通じると理解されていたからである。また、この文殊信仰を支えたのが、三河国守としての大江定基（後の寂昭法師）と力寿の悲しい恋の物語ではなかったか。

　狛犬・獅子が二重に寺社を守護するように配置されている構図は、サーンチーの聖樹を護る構図を見る限り、ふるい形式と見なすべきであろう。図15に見る、愛知県常滑市矢田地区、氏神の八幡神社社殿には有角・無角の狛犬がいる。社殿の外には獅子が飾られている。この他、岐阜県郡上市小名比の白山神社などにも同様の狛犬と獅子の配置を見る。つまり多くの社殿の中には狛犬が配置され、外

［図15］愛知県常滑市矢田八幡神社

には獅子が置かれるという構造、を見ることができるわけだがサーンチーの意匠に従えば古形と理解すべきかも知れない。ただ、理論的な裏付けがどこにあるのかが、課題になろう。

ところで、〈唐獅子〉(図16) は、頭側部両側や頸部、尾を火索状に渦巻く多量の毛で覆い、胴体、四肢に数個の文様を散らした特異な形状容姿で伝わっている。こうした概念や形状を最初に日本にもたらしたのは九世紀渡来の密教両界曼荼羅図であると考えられる。すなわち空海の帰朝 (806) や円仁の帰朝 (847) 時にもたらされた胎蔵界曼荼羅には十二天宮の一、獅子宮に〈獅子〉図があったほか、円仁の持ち帰った曼荼羅図には大日如来の禽獣座 (乗物) として唐獅子の姿がはっきり描かれていた。このころから急速に発達した日本の密教美術は、諸如来、諸菩醍とともに、この仏法護持の神獣〈唐獅子〉を図像的に確実に定着させていった。

[図16] 愛知県江南市　曼荼羅寺塔頭の本誓院の屋根

つまり、再度繰り返すが、獅子の日本での受容は、推古十五年の造像銘を持つ薬師如来の台座でその受容が確認できるといえる。ほかにも曼荼羅の胎蔵界の最外院にその姿を認められるが、やがて円仁によって、九世紀にもたらされた獅子は文殊菩薩の乗り物であると同時に、大日如来の乗り物でもあった。しかし、これまでの意匠から考えられるように、前肢を伸ばして胸を張っている獅子と逆立ちするかのような獅子 (図17) の配置のされ方から、大きな意味の違いを考えることが可能になる。前肢をぐっと張った敦煌などの獅子、神社などの獅子からは守護役としての獅子を伺うことはできる。しかし、逆立ちする意匠の獅子には文殊

菩薩が顕現する喜びを表しているように見受けられるのである。それは獅子の意匠の違いに秘められた象徴の問題であろう。

7. 牡丹の花幻想

本地垂迹では大日如来の垂迹は天照であり、天皇に顕現すると言う見立ての中で獅子は、単なる権威の象徴だけではなく庶民の救済者となるべき、聖なる存在へと変化していったことになる。だが、この獅子一対ではなく獅子・狛犬一対の成立が日本で果たしていつのものであったかは不明である。敦煌を中心とした中国では獅子と狛犬（一角獣）を組み合わせる例は未見である。舞楽における獅子・狛犬のを考えると、おそらく中国からの影響があったと考えるべきであろう。[32]これらは神社、仏閣が聖なる場所であることのあかしにも通じるわけだが、獅子が一般庶民の中に浸透し、受け入れられるためには違う素地が必要であったと考える。それが、謡曲の「石橋」であり、庶民には難解な仏教を「密教」とともに受け入れさせる要素として機能したと考えたい。そこには百獣の王としての獅子が牡丹（ぼたん）の華麗な花姿と対応され、美化されていったことも見逃せない。それが室町時代や安土桃山時代には、唐獅子の形状容姿は、城郭建築の中の襖絵や屏風絵などの画題となり、狩野永徳の《唐獅子図》（御物）などの傑作を生みだした。江戸時代に入っても武家の唐獅子図像の愛好は引き継がれた。たとえば日光東照宮の絢爛〔けんらん〕たる装飾彫刻の中で多用されたのは唐獅子と牡丹の図柄である。[33]しかし、江戸時代後期になると、唐獅子の神威ある王者の守護獣といった性格はうすれ、勇壮なる野獣性の象徴となった。そして、屋根の上での逆立ちするかの

［図17］　愛知県江南市曼荼羅寺塔頭　光明院の屋根

[図18] 三河三谷の。三谷祭りの山車の飾り 左に一対の獅子、そして牡丹の花

ような獅子（図17）は牡丹の花が添えられるという意匠から、この花の持つ象徴性が問われることになる。しかし、敦煌の壁画などから牡丹と獅子の意匠を考えれば、そこに聖性と豊饒性を予感することになる。その証拠といえるかどうかは疑問であり、年代的な差があるが、愛知県三谷の山車（図18）などを含め、垂井の南宮社、その他の寺社の各所に牡丹の花の意匠を見ることができる。この牡丹の花は、実に多様な形で受容されていったことは足助の土びな、その花魁の帯、振り袖の意匠などから推測することが出来る。

とくに、土びなのこの牡丹の花と獅子の意匠（図19）は寂昭と力寿の話を想起させる。花魁に、あるいは女性にこの意匠を付けることが文殊菩薩に通じる世界が存在することを物語っているのかどうかは判らないがこの意匠を持つ土びなが好まれた背景には興味深いものがある。

[図19] 愛知県豊田市足助の土びな、花魁の帯に牡丹袖に獅子の意匠。後ろのものにも同様の意匠が見える。また、袖には獅子の図柄がある

これら、牡丹は中国から宝相華文として入ってきているが、これは中国、唐代の唐草文様のうち、あたかも花を思わせるような豊麗な形のものを一般に宝相華文様と呼んでいる。しかしどのような形式の唐草を宝相華と名付けるかについては、はっきりと規定されてはいない。またその起源も定説はないが、実際に宝相華という花があってそれを文様化したというよりは、唐代の

中国から日本へ　獅子に見る受容と変容の一形式　191

[図20]　京都、壬生寺。能楽堂の屋根、これは菊と見るべきであろう

[図21]　この瓦は、奈良県桜井の長谷寺界隈の鬼板である。牡丹の花が見て取れる。さらに水流があることも見逃すことはできない

[図22]　三河三谷の山車の飾り。金色に塗られた牡丹の花

意匠家がパルメット唐草をその時代にふさわしく花のイメージをもって変えたものとみられる。そのイメージの中にはボタン（牡丹）やシャクヤク（芍薬）、フヨウ（芙蓉）などがあったと考えられている。もっとも宋代の書物は実際に宝相華という花があったことを記しているが、唐代にあったかどうかは不明である。宝相華文様ということばが唐代すでに使用されていたかどうかもわからない。いずれにせよ盛唐時代にはこうした花唐草の類が好んで描かれたことが敦煌の壁画などから伺い知ることができる。つまり、牡丹にはパルメット唐草の受容変容の痕跡を考えることが出来るといえる。また、日本の瓦では牡丹から菊への意匠の変容が瓦職人の「努力の割に見栄えがしない」という言葉の中に牡丹から菊への意匠の推移を見ることが出来よう[34]。だが、意匠の本来の意味はここでは判らなくなってきていることになる。

今回の論考作成の過程から、

日本は中国からただ貪欲に文化を吸収してきたわけではなく、それなりの意味を自覚しながら受容してきた事がうかがわれる。牡丹の花、唐草文そして獅子の意匠は意匠の中に潜んでいる事柄を考えさせてくれた。今回、この牡丹（図20、21、22、23）および菊華文については充分触れることが出来なかったが、中国からの伝来の意匠として受け入れるだけでなく、その背後に流れる文化基盤への考察の必要性を痛感した次第である。

[図23] 奈良県都祁村・都祁水分神社・社殿蛙股飾り

注

1) 上原真人 1997『瓦を読む 歴史発掘11』講談社 121頁
2) 前掲書 107頁
3) 敦煌文物研究所編（〈中国石窟・敦煌莫高窟編集委員会監修〉）1980 中国石窟 第1巻 平凡社 275窟（12図）、254窟（33、34図）
4) 前掲書 1982 第5巻 第15窟（95図）、第61窟（56図 他）
5) 高田修 他 1981（昭和56年）新潮古代美術館第9 静かなるインド 新潮社 図43, 49頁
6) 前掲書 図26, 32頁
7) 前掲書 図33, 39頁
8) 松平美和子 1998 Hitachi Digital Heibonsha, による。
9) 高階秀爾 監修 1985（昭和60年）NHK『ルーブル美術館Ⅰ 文明の曙光』日本放送協会 117頁
10) 前掲書 1985 図201, 132頁
11) 前掲書 1985 図215 － 1、2, 145頁
12) 敦煌文物研究所編 1980 『中国石窟』敦煌莫高窟2 平凡社
　　ここでは五代以降は省略しておく。
　　前掲書 1980 敦煌莫高窟 第5集

ライオンに近い獅子が牡丹の花と一緒に描かれている。
　60図（第242窟）　人字披西側下部（隋）牡丹の花
第36窟南壁西側　文殊変相部分（五代）太鼓橋　これは大沼淳監修の『敦煌石窟』第8集所収の36図（第9窟）とほぼ同じ内容を持つものと推察できる。

　　図76（第61窟）　東壁北側　維摩経変相部分　見阿閦仏品（五代）獅子（台座の描かれている）
　　図78（第61窟）　東壁南側　維摩経変相部分（五代）牡丹の花
　　図96（第454窟）　甬道頂部　瑞像縁起図部分（宋）牡丹の花

　大沼淳 他監修 2001『敦煌石窟』＝2 文化学園文化出版局
台座の図案がライオン系の獅子
　　図45（285窟）　釈迦多宝二仏並座説法図　北壁東第七幅（西魏）
　　図37（285窟）に虎車力士像があるが、これは獅子であろう（西魏）。これはアフガニスタン国立博物館のクーベラ女神の像をイメージさせる。注15参照。
また、
図31、33（285窟）の「日天の像」は馬車に乗っている。（西魏）
前掲書 大沼淳 他 2001 第4集
　　台座の両脇に獅子：
　　図3（第420窟）　主室北壁全景　南龕南壁（隋）
前掲書第5集には台座両脇前に獅子
　　図48（第57窟）　説法図南壁（初唐）
ここでは、如来の台座には蓮華座と獅子座があるとのべ『大智度論［鳩摩羅什訳（後秦）］』を引いて仏は人中の獅子であり、仏の座るところはみな獅子座と呼べるとしている。189頁
　　牡丹の花については
前掲書 第6集
　　図49（第45窟）　法華経変・見宝塔品　西龕天井（盛唐）。
　　図110（第45窟）　宝蓋、楼閣、樹木　北壁無量寿経変西側（盛唐）牡丹との解釈は筆者の考えである。解説では単に瑞雲と団花文様とある。
獅子が天井中央に描かれている意匠は
前掲書 第8集

図 13（第 12 窟） 主宝天井（晩唐）ここには、
図 80（第 12 窟）、4 図（第 9 窟）の文殊菩薩が獅子に乗った姿もある。この第 9 窟　大千世界をほうり投げる（晩唐）と言うテーマは『維摩詰経』「不思議品」所収の話である。197 頁

　この他、敦煌 275 窟の交脚弥勒菩薩像の脇には 2 頭の獅子を見る。さらに、雲岡石窟 17 窟太和 13 年（489）、18 窟（460 〜 483）の交脚弥勒菩薩像にも獅子がともなっている。（敦煌文物研究所編 1982 中国石窟　第 5 集 178 頁）

13) 鈴木八司、吉村作治 他三名 1980（昭和 55 年）『新潮古代美術館− 3 −ナイルと王のエジプト』新潮社 22 頁 , 86 頁
14) 朴亨國 1997「金剛界大日如来と七獅子蓮華座」『日本の美術』至文堂 85 頁
15) 高田修 他 1981（昭和 56 年）図 123、銀製鍍金キュベレ女神像　アイ・ハヌム出土　前 3 世紀　アフガニスタン国立博物館蔵 109 頁
16) 有翼の獅子については、前掲書 12、13、14 図 , 20 〜 23 頁。
また、ライオンに跨る人物像については沖守彦（撮影）伊東照司（解説）1991（平成 3 年）『原始仏教美術図典』雄山閣　図 72 なお、有角のライオンについては図 67、図 68、図 70 に見ることができる。この図像の存在はこれまでの考えを否定する物であるかも知れない。なぜならば、この意匠は狛犬と獅子の組み合わせになるからである。また、狛犬を有角の獅子と理解することができるのならば、そのルーツはインドのサーンチに求めることが可能になる。
17) 朴亨國 前掲書 86頁 仏頂が七獅子蓮華座上に座る図像が曼荼羅にあるが、それは八三八年に訳された達磨栖那の『大妙金剛大甘露軍拏利焔鬘熾盛仏頂経』に依っている。つまり九世紀には日本に密教の図像として入っていたことが判る。
18) 辻直四郎 1986（昭和 61 年）『印度』名著普及会 181 頁
19) 濱田隆　西川杏太郎 監修、1991『仏教美術入門　4』平凡社　奈良・西大寺に十二天像の十二幅の密教絵画がある。その制作時期は空海が宮中真言院御修法を始修した承和二年（835 年）頃まで遡ると考えられている。
20) 野間清六 光森正士「狛犬」1998 Hitachi Digital Heibonsha, による。
21) 伊東史朗 1989『狛犬』「日本の美術」279 号 至文堂 34 〜 36 頁
22) 前掲書 19 〜 21 頁
23) 前掲書 38 頁

24) 前掲書 40 頁, 図第 59
25) 財賀寺（愛知県豊川市）文殊堂
   http://www.yui.or.jp/~matsuda/zaikaji/monju. 〔www.yui.or.jp から検索〕
26) 伊東史朗 1989 図 61, 42 頁
27) 前掲書 図 63, 42 頁
28) 小山弘志 他 1989 岩波講座 能・狂言Ⅵ 岩波書店 586 ～ 589 頁
29) 田中優子 1998「渡れない橋」『日本の美学』28 号 〈橋つなぐもの、わけるもの〉ペリカン社 42頁
30) 味方健 1979「能の演出」『日本の古典芸能 3 能』芸能史研究会編 平凡社 113 頁
31) 田中優子 1998 42 頁
32) 伊東史朗 前掲書 46 頁
33) 髙田衞「唐獅子」Hitachi Digital Heibonsha, による。
34) 埼玉県立民俗文化センター 1986『埼玉のかわら』「埼玉県民俗工芸調査報告書第 4 集」

　この論考作成に当たっては、愛知県高浜市のかわら美術博物館・学芸員の天野卓哉氏のご教示、また図像資料については高取瑞美子氏の協力をいただきました。記して感謝の念を表させて頂きます。

(6) うけてか、(6)の文にも、ユーモラスな要素はとぼしい。こうした遊戯性のとぼしさという点からみても、(6)の文は晋代の創作設論にちかづいているといえよう。

(6) (6)の創作年代は、(1)～(4)と同時期の可能性もないでない。だが内容的に、もろもろの龐統故事を吸収し、総合してつづられたと目されるので、ここでは(1)～(4)のあとにできた、とかんがえておく。

(7) (6)の文は某氏によってかかれ、『世説新語』の編者たちは、(6)にいっさい手をくわえていない、とかんがえておく。なお、『世説新語』の実質的編者については、川勝義雄氏は、劉義慶の幕下にいた何長瑜という人物を想定されている。同氏『六朝貴族制社会の研究』(岩波書店 一九八二)の第Ⅲ部第二章「世説新語の編纂——元嘉の治の一面——」を参照。

(8) 漢魏六朝の時期に輩出した雑伝ふう書物については、近時、熊明『漢魏六朝雑伝研究』(遼海出版社 二〇〇四)という大著がでて、詳細な検討や分析をおこなってくれている。その大著のなかに、「人物品評風気的流行是形成漢魏六朝雑伝創作繁栄局面的另一人文因素」という一項があって(四三七頁)、人物批評の風潮と、雑伝ふう書物との関連に言及している。

「文体」の変容をめぐって　197

章——ジャンルによる文学史」所収　汲古書院　二〇〇四）でくわしく論じたので、ご参照いただければさいわいである。なお本稿では、いろんな誤解をさけるため、「文体＝ジャンル」の意で使用しているので、ご注意いただきたい。

（2）清の文廷式『補晋書芸文志』は、史部雑伝類に「高範荊州先賢伝三巻」という項をたてて、つぎのようにいう。「北堂書鈔と太平御覧の諸書、並びて之を引く。芸文類聚六十八に羅献の事を引きて、［高範は］則ち晋の人ならん。或いは荊州先徳伝に作る」。つまり文廷式の考証によれば、『荊州先賢伝』は、晋人の高範の手になった、雑伝ふうの書物だったようだ。この高範なる人物、生没年や事跡が未詳で、晋のひととしかわからないが、いずれにせよ、習鑿歯と前後した時期の人物ではあろう。すると、『襄陽耆旧記』と『荊州先賢伝』とは、ほぼ同時期に撰された同種の書物だったといってよさそうだ。なお『旧唐書』経籍志史録雑伝類には、陳寿の『益部耆旧伝』などとならんで、『荊州先賢伝三巻　高範撰』が著録されている。

（3）この盧弼の反駁ふう注釈については、高島俊男『三国志人物縦横談』（大修館書店　一九九四）でも、平易な口語になおして紹介してくれている。そしてそのうえで、「この時代の本は、形は歴史記録でも馬鹿馬鹿しいことがいっぱい書いてある。陳寿はそれらを慎重に除き去って、信ずるに足る記事のみを採用してあるというので評価が高いのであるが、盧弼の言う通り時代の風潮というのはおそろしいもので、やはりこういう魏晋好みの話柄が混入してくるのである」とのべられている（二四三頁）。同氏のこの書は、三国の著名人に関する正確な知識を、軽妙な語り口でつづった名著である。

（4）程炎震とどうように、盧弼『三国志集解』も、南郡や頴川の地理的関係からみて、龐統が二千里もの道をへて、頴川の司馬徽のもとにいったという設定は信用できない、と疑問を呈している。

（5）設論ジャンルのもうひとつの重要な特徴として、遊戯性をふくむことがあげられる。じっさい、漢代にかかれた東方朔「客難」や揚雄「解嘲」などは、すっとぼけたユーモアが、ときに読者の笑いをさそう。ところが、両晋の設論となると、どういうわけか、遊戯性がとぼしくなって、出処進退に関する理屈めいた議論がおおい。その影響を

していたのである。ただし、韻をふむと具合がわるいという某氏の判断があって（前述）、完全な設論作品にはいたらず、設論ジャンルふうの作になることで、おちついたということだろう。

このようにかんがえると、龐統説話の(1)～(6)の変容ぶりは、いわば、時代と個々の作者との、さまざまな力関係や連携ぶりを、端的にしめしてくれているといってよい。そして、それはさらに、文学ジャンルの融通無礙な性格や、自在な相互浸透ぶりをも、我々に暗示してくれているのである。

我われが『曹子建集』や『文選』などをひもとくと、さまざまなジャンル名のもとに、おおくの作品群が整然とならんでいる。それら個々の作品が、ジャンル名を冠した標題をつけられ、別集や総集におさめられるにあたっては、こうした、時代と作者との複雑なかかわりあいが、ジャンル〔やその叙法〕の選択のときだけに、存していたはずである。いや、そうした時代と作者との複雑なかかわりは、ただジャンル〔やその叙法〕の選択のときだけに、存しているわけではない。それは、ある作者が、ある作品を構想し、つづり、別集や総集におさめられ、そして〔作者の死後も〕代々よみつがれ、現在までつたわってきたという、当時から現在までにいたる、一連の経緯いっさいにわたってすべて存しているはずなのだ。今回は、そうした、時代と作者とのかかわりの、ほんの一端をのぞきみたにすぎないのである。

注
（１）本稿で、ジャンルといいかえている「文体」の語は、文章スタイル（叙法）の意をあらわすばあいもあって、訳語を固定しづらいことばである。こうした「文体」の語の複雑な含意については、拙稿「文体について」（『中国の文

この時代風潮は、荒唐無稽な内容も許容する、小説ジャンルをあとおしした（指示した）。そうしたなか、陳寿の心のなかで、両々あい対立し、拮抗していた。そうした、時代風潮と作者のおもいとが交差したところで、う使命感とが、その時代風潮に無意識にひかれる気もちと、いやいや事実の直書でゆくべきだとする史家ふけっきょく(5)『蜀志』龐統伝という小説ふう列伝がつづられたのである。その結果、いっぽうでは、「少時樸鈍」のごとき事実直書の記述がなされ、またいっぽうでは、樹上と樹下で会話したなどという、小説ふう記述になってしまったわけだ。ここに陳寿のまよいをよみとってもよかろうが、ジャンルの視点からみれば、史ジャンルと小説ジャンルとの相互浸透といえようし、またジャンルの融通無礙な性格をしめしたものでもあろう。

つぎに(1)〜(4)の偉人伝のばあい。その背景に、人物批評の盛行や、九品官人法の制定という時代状況があった。そのうえで、郷土の偉人伝を編纂して、当地の名声をたかめようという要請がたかまった。そうした時代の要請をうけて、習鑿歯や高範たちも、おのが郷土の偉人伝（雑伝ジャンルの書物）を編纂することをおもいたったが、そのさい彼らは、みずからの見識によって、美化や誇張のないシンプルな筆致でつづるべきだとかんがえた。そうした、時代と作者との両方向のベクトルが交差したところで、(1)『襄陽耆旧記』という書物ができあがったのである。

つぎに(6)の『世説新語』のばあい。六朝期には、修辞主義が盛行するという、おおきな風潮が存在していた。そうしたなか、(6)の作者たる某氏のがわにも、知識人に好印象をもってよんでもらえるよう、龐統故事を装飾して、設論ジャンルふうにかきたいという意欲があった。このばあい、時代の指示と作者の意欲とは、一致

る)。だが、文辞をつづる作者たちは、その指示をうけ、Aジャンルを選択しながらも、じっさいは自分なりの意欲や個性を、その作品のなかになげしこもうとする。すると、ばあいによっては、標題こそ「時代に指示された」Aジャンルであっても、じっさいには、Aジャンルらしからぬ叙法に、かたむいてゆくこともおおかろう。そして、そうした作例がたびかさなると、こんどはAジャンルの性格や叙法じたいが、変化してくることにもつながりかねない。それが、褚斌杰氏のいわれる「各ジャンルは、ほんらい規範性と安定性とを有し安定と変革、規範と反規範のなかに位置することになる。これが、ジャンル史上、しばしば変体が出現する原因でもあるのだ。この変体は、作家の偶発的な試みの結果であったり、新様式の萌芽であったりする」(前出)ということなのだろう。

これを要するに、文学創作におけるジャンル〔やその叙法〕は、けっきょく、時代の指示と作者の意欲とが、交差した地点で選択され、決定してゆくのだといってよい。つまり「そういう内容なら、Aジャンルがよかろう」という時代の指示と、「それでも、自分はこうかきたい」という作者の意欲とが、どこかの地点で交差し、その交差したところで、当該作品のジャンル〔やその叙法〕が選択されてゆくのだろう。そして、その交差する地点がかたよっていたり、さらにそのかたよりがひんぱんだったりすれば、近隣ジャンルとの相互浸透がおこったり、当該ジャンルの実体が変化したりしてくるのだとかんがえられる。これを(1)～(6)を例にして、具体的に指摘してみよう。

まず(5)の『蜀志』のばあい。背景として、超逸や放蕩簡傲をたっとぶという、おおきな時代風潮があった。

発的な意欲や判断の結果であったろう。この記述は、直書をおもんじる史家としての使命感が、なさしめたものだったに相違ない。

さらに、(1)〜(4)の『襄陽耆旧記』等の雑伝ジャンルでは、ふつうなら龐統の人物像を、美化してえがきやすい。だが、この部分の行文をみるかぎりでは、そうした美化の痕跡はなく、シンプルにつづられている。そうした、美化や誇張をおさえ、素朴な記録ふうスタイルにとどめたことも、やはり作者たる習鑿歯や高範の見識に由来するといってよかろう。

また(6)『世説新語』で、某氏が設論ジャンルふうに装飾しながらも、あえて韻だけはふまなかったのも、もちろん彼独自の判断によったものに相違ない。これらが、私のいう個々の作者の個性であり、意欲なのである。

七

さて、ここまで私は、龐統故事の変容における、ジャンルの選択をめぐって、いっぽうで時代の影響のつよさを強調し、またいっぽうで、執筆の局地的な場面では、個々の作者の意欲も関与したと主張するなど、やや中途半端な言いかたをしてきた。では、けっきょくはどうなのか、ということになるが、私は、つぎのようにかんがえている。

すなわち、大局的には、時代［の影響］によって、暗黙のうちに、「そういう内容なら、Aジャンルがよかろう」と指示される、といってよかろう（この時代による指示は、ふつう「流行」というかたちで提示され

このようにみてくると、(1)〜(6)においては、特定の個人（作者）が、自発的にジャンルを選択したというよりも、むしろ時代が、小説ジャンルふうに潤色させ、また時代が、雑伝ジャンルをえらばせ、さらにやはり時代が、設論ジャンルふうに改作させた、とみなすことも可能だろう。これを極論すれば、そのときの時代風潮が、この時期ではAジャンルでかけ、このばあいではBジャンルふうにかきなおせ、そのつぎはCジャンルふうだと、指示していたといってよいであろうか。かつて私は、拙著『六朝美文学序説』（汲古書院　一九九八）において、「かくつづるべし」という強力な文学的通念があって、文人たちは、その通念にしたがって、おのが文辞をつづっていた。その意味で、六朝の文学においては、個々の文人による独創重視の創作ではなく、時代の風潮による通念重視の創作が主流だったのである——とのべたことがある（第十章）。この龐統故事におけるジャンルの変化は、まさにそうした、その時代の風潮や文学的通念に、忠実にしたがった選択だったといってよかろう。

では、個々の作者の自発的な意欲は、(1)〜(6)の変容に、まったく関与していないのかといえば、そうではない。右にみたように、ジャンルの選択は、大局的には時代（精確にいえば、時代の風潮）によってなされるといってよいが、いっぽう、そのジャンルの文辞をいかにつづり、いかに個性を刻印してゆくか等の、創作の局地的な場面では、個々の作者の意欲がおおいにかかわってこざるをえないからだ。そこで以下、(1)〜(6)における作者の執筆態度を再度みなおして、個々の作者の自発的な意欲の関与を確認しておこう。

まず、(5)『蜀志』では、全体的に小説ふう潤色がめだっている。だがそのなかで、わかいころの龐統を、あえて「少時樸鈍」（わかいころは、やぼったく鈍重だった）と遠慮なく叙した部分だけは、作者たる陳寿の、自

(1)『襄陽耆旧記』(また(2)〜(4)(6))では、シンプルな記録ふうスタイルでつづられた、郷土の偉人伝というべき内容になっていた。この偉人伝ふう文章、ジャンルとしては「記」(2)〜(4)だと「伝」)に分属されるべきかもしれないが、ここでは文廷式『補晋書芸文志』にしたがって、雑伝ジャンルと称することにしよう(注(2)参照)。いっぽう、すこし時代がくだった(6)『世説新語』では、装飾された美文による、設論ジャンルの作にちかづいていた。如上の変容プロセスを、実質的なジャンル名でならべたら、(祖話X↓)(5)小説↓(1)〜(4)雑伝↓(6)設論と、変化したといってよかろうか。

こうした龐統故事のジャンル変化から、ジャンルを決定づけるさいの、時代の影響というもののおおきさが、了解できるのではないだろうか。わかりやすい例をあげれば、たとえば(5)の文が、「超逸ぶりをたっとび、放誕簡傲さを風雅だとみな」す、当時の超俗重視のならいに、ふかい影響をうけていることは、一目瞭然だろう。だからこそ、樹上と樹下とで昼夜ぶっとおしで話をしたという、小説ふうの破天荒な筋だてが、なりたえたのである。どうように、(1)〜(4)が地方の偉人伝、つまり雑伝としてかかれたのも、当時の時代的風潮ときりはなしてかんがえることはできないだろう。すなわち漢末の動乱期、清議に起因して人物批評が盛行し、さらに魏では九品官人の法が制定された。すると、地方の名望家たちは、当地での評判をあげ、おのが一門の郷品をあげるためにも、(1)〜(4)のごとき雑伝ふう書物の編纂を必要としたにちがいない。(8)こうかんがえると、(1)〜(4)のごとき雑伝ジャンルの盛行じたいが、その時代の刻印を濃厚におびたものだったことが理解できよう。すると、(6)の文が設論ジャンルにちかい文章でかかれたのも、当時における修辞至上主義の盛行という時代の影響をかんがえざるをえないだろう。

ことじゃなく、「司馬徽先生＝超俗の高士」のイメージを印象づけ、定着させることにあったんだ。そのためには、対偶や典故はまだよいとしても、韻までふませるのは、やめておいたほうがいいだろうなあ……。
その某氏は、このようにかんがえて、(6)に押韻させるのを、おもいとどまったのではないだろうか。その結果、この(6)『世説新語』の文章は、対偶や典故で装飾しているものの、無韻の文という点で、かろうじて「筆」の範疇にとどまることができたのだった。くわえて、押韻を自重したためだろう、［誇張や虚構もふくみうる］設論ジャンルの作と目されることなく、[多少あやしいけれども]いちおうは、事実をつづった記述だろうと、みなされつづけてきたのである。さすがに二十世紀前半ともなると、炯眼の士たる余嘉錫によって、「この問答は、晋代の文人が模擬したものにちがいなく、事実を記述したものではあるまい」と喝破されたけれども、しかし某氏のもくろみは、それなりに功を奏したといってよかろう。

　　　六

さて、龐統故事の変容ぶりから推察できることの第二として、冒頭でのべた、ジャンルに関することがらがあげられよう。この龐統故事の変容ぶりを詳細に分析してゆけば、文学におけるジャンルというものの特性が、うきぼりになってくるようにおもわれる。
はじめに、龐統故事の変容プロセスを、ジャンルの方面から確認しておこう。すると、現存最古の(5)『蜀志』において、すでにおもしろく潤色されており、小説ジャンルに属するような記述になっていた。ところが

「文体」の変容をめぐって　205

文学の周縁に位置する低レベルの実用的文章（地味だが、装飾しないので、誇張や虚構はすくない。史書の記述が「文」でなく、「筆」でなされることを想起せよ）だとおもっていたようだ。

押韻の有無が、こうした文学としての格の高低をしめし、しかもそれが、当時の文人たち共通の認識だったとすれば、(6)の文をつづろうとした某氏は、どうかんがえただろうか。以下、その人物像や執筆動機もふくめ、私なりに某氏の創作心理を推測してみよう。

その某氏は、晋のひとで、文章能力にすぐれ、また当世流行の設論ジャンルの叙法も、知悉していたはずである。彼はおそらく、司馬徽とおなじ潁川の出身か、その弟子すじにあたる人物だったろう。そして、司馬徽を尊敬し、できれば亡き司馬徽先生に、「超俗の高士」という令名を定着させたかった。そのため、世にひろまっている龐統故事に改作の手をくわえ、亡き司馬徽先生を主人公にしたストーリーに、改変してしまおうと企図した。そして――

……どうせ改変するのなら、できれば、知識人に好印象をもってよんでもらえるよう、当世流行の設論ふう文章にしたい。すると、筋だての変更だけでなく、文辞じたいも、対偶や典故によって装飾したほうがよかろう。でも、まてよ。押韻はどうしようか。もし韻までふませてしまえば、[文筆の]「文」になって、虚構まじりの作品だとおもわれかねないし、ひょっとすると、司馬先生ご自身の作じゃないかと、誤解されてしまうかもしれない。でも、逝去してずいぶんたってから、そんな先生作の設論があらわれたといったって、後代の者ならともかく、当世のひとの目は、ごまかしきれないだろう。そうなると、内容の信憑性はおろか、偽作の可能性まで、うたがわれてしまいかねないぞ。わすれちゃいけない。私の目的は、先生作の設論作品を偽造する

- 20 -

だが、(6)を記述した某氏は、対偶や典故を多用することまでは、おこなったが、韻まではふませなかった。なぜだろうか。むつかしかったから? たしかに、韻までふませるのは、むつかしかったかもしれない。宋の范曄も「獄中与諸甥姪書」で、「無韻の筆作品は、わりとかきやすい。韻をふませる苦労をしなくてもいいからだ」(手筆差易。文不拘韻也) といっており、押韻させるのは、なかなかたいへんだったようだ。だが、そうだとしても、ここまで修辞を駆使できる某氏であれば、隔句末に韻字を布置することが、それほど困難だったとはかんがえにくい。おそらく、押韻させようとおもえば、なんとかできたはずだ。では、やろうとおもえばできたのに、なぜ某氏は押韻させなかったのか。それは、作文能力の高下などの問題ではなく、むしろ、あえて押韻を自重した結果ではなかったかとおもう。

というのは、押韻の有無は、当時、ただの修辞テクニックというだけではなく、文学的にある種の分水嶺的役わりを、になっていたとおもわれるからだ。その一例が、周知の「文筆」の別である。すなわち、六朝期は、すべての文学を押韻の有無によって、「文」と「筆」とに二分する習慣があった。たとえば、梁の劉勰は『文心雕龍』総術篇において、「いま世間でいわれることばに、文と筆とがある。おもうに、韻をふまぬものが筆で、韻をふむものが文なのだろう」(今之常言、有文有筆。以為無韻者筆也、有韻者文也) といっている。これを、もうすこしおぎなっていえば、押韻し、かつ各種の装飾をほどこした文辞を「文」(詩・賦・銘・頌・箴・設論など) とよび、また、押韻せず、かつ装飾のとぼしい文辞を「筆」(詔・策・移・檄・奏・書など) とよんで、この両者を截然と区別したのである。そして有韻の「文」は、文学の中核をなす格調たかい芸術的文章 (美的だが、装飾した結果として、誇張や虚構もふくみうる) だとみなし、いっぽう無韻の「筆」のほうは、

し、いっぽう、「X→⑥」のごとき継承関係があった可能性も、じゅうぶんありえよう。
こうした祖話X（複数）が存在していたことは、べつに(1)～(6)の作者たちのオリジナリティーを、否定するようなことではない。中国では、史書の記述は、そうやって従前の資料を利用してつづるのがつねだったし、むしろ過去の史家たちは、あまた存在している資料のうちから、いずれをすていずれを採用するか、そして採用した資料をいかにくみあわせ、いかにつづりあわせてゆくかのほうに、おのが個性や才腕のほどを顕示しようとしたのであった。
そうしたこともふまえつつ、如上の(1)～(6)の龐統説話の変容ぶりをみかえしてみると、いろんな事がらが推測されてきそうだ。そこで以下に、私の気づいたことを、一、二あげてゆくことにしよう。
まず第一に、(6)『世説新語』の文章に着目してみよう。これで注目したいのは、この文は設論ジャンルの叙法に接近しているが、それはあくまで接近にとどまり、設論じたいにはなりえていないことだ。というのは、完全に設論の作とするには、韻をふむ必要があるが（③の特徴）、(6)の文章は押韻までは、ほどこされていないからである。だが、もし(6)をつづった人物（以下、某氏と称する）が、さらに意欲的に韻までふませておれば、どうなっていたであろうか。すると、その押韻した文章は、［設論では、登場人物の「主人」（この作では、司馬徽が主人役をつとめている）が、作者であることがおおいので］おそらく司馬徽の手になった、設論作品だとみなされたことだろう。標題はさしずめ、「答車中客難」（車中の客の難に答う）であろうか。そうすれば、この司馬徽「答車中客難」なる作品は、『文選』はともかくとしても、『芸文類聚』や『初学記』などに設論として採録され、以後は、六朝の設論ジャンルの一篇として、あつかわれていったかもしれない。

五

さて、仮称「龐統故事」をとりあげて、その変容ぶりを考察してきた。ただ、如上の考察は、現存する資料を比較したものにすぎない。当時は、これ以外にも、類似した、あるいは多少ことなった内容の龐統故事が、何種類も存在していたはずである。そして、そうしたたくさんの「龐統故事」のなかには、右の(5)よりまえに出現した、いわば祖話Xと称すべき話柄も存在していたにに相違ない。右の(1)〜(6)の文は、そうした、いまは亡佚した祖話X（複数だったかもしれない）を参照し、利用して、つづられたものだとかんがえるべきだろう。こうした事情を、わかりやすく時代順にしてしめせば、つぎのようになろう。

祖話X ←

3 C (5)『蜀志』（おもしろい小説ふう…潤色）

4 C (1)〜(4)『襄陽耆旧記』等（シンプルな記録ふう…実直）

5 C (6)『世説新語』（修辞を多用した文学ふう…装飾）

＊なお、右の←は、両者の直接的な継承関係を意味するのではなく、創作時期の先後（しかも推測による先後）をしめすにすぎない。それゆえ、(1)の作者の習鑿歯が、(5)『蜀志』の記事を参考にしたかは、しょせんわからない

「文体」の変容をめぐって　209

n」という主客応酬の構造を基本とする（そのばあい、「主人＝作者」のケースがおおい）。②官位の昇降や出処進退を主題とする。③韻をふむ。④対偶や典故などの修辞をこらす──などがあげられよう。この特徴に留意しながら、（6）の文章をみてゆこう。するとたしかに、龐統（非難する客）と司馬徽（反論する主人）との会話が主体となっているし①の特徴、また内容も、「士人の出処進退はいかにあるべきか」が、主題となっている（②の特徴）。さらに文章上の特徴として、押韻こそしていないものの、文辞が対偶や典故を多用して、いちじるしく文学的な文章に変貌していることも注目されよう（④の特徴）。

そうした傾向は、直接話法ふうの会話部分で、とくに顕著である。対偶の多用は、右の原文で一目瞭然だが、典故の利用もなかなかおおい。劉孝標などの指摘によると、たとえば、司馬徽の発言中の「伯成耦耕」云々は、『荘子』天地篇の故事をふまえ、「原憲桑枢」云々は『孔子家語』の話にもとづくという。また「許父所以慷慨」は『法言』問明などに、「夷斉所以長歎」は『孟子』万章下に、さらに「窃秦之爵」は『古史考』に、「千駟之富」は『論語』季氏に、それぞれ出典を有しているという。

このように、（6）『世説新語』の文章は、たしかに設論ジャンルの諸特徴をおおく有している。おそらくこの部分は、後代の者が意図的に装飾したものだろう。それゆえ、この文章は、余嘉錫がいうように、晋代の文人が、「客難」や「解嘲」をモデルにしながら、設論ふうスタイルに似せてつづったものであって、おそらくじっさいの記録ではないであろう。『世説新語』の編纂者たちは、（1）〜（4）の偉人伝ふうの記録でもなく、設論ふうに装飾された（6）に目をつけ、自分たちの逸話集のなかに採録したのである。『蜀志』の記事でもなく、設論ふうにアレンジされた（5）

－16－

しての信憑性にとぼしいものばかりであり、虚構めいた付加的叙述である可能性がたかいのである。

右にあげた余嘉錫『世説新語箋疏』は、鋭敏な嗅覚と精該な時代考証とにみちた書であり、各所で有益な提言をおこなってくれている。しかし同書の価値は、右のような史学的立場からの真偽追求だけにあるのではない。ときに文学的な見地からも、注目すべき発言をおこなっている。すなわち余嘉錫は、この話柄ぜんたいに対して、つぎのような推測をおこなっているのだ。

この龐統と司馬徽の問答をみてみるに、どうも、東方朔「客難」や揚雄「解嘲」のスタイルを、模倣しているようだ。ただ、漢代のそれらが大作だったのを、短章にちぢめたにすぎない。さすれば、この問答は、晋代の文人が模擬したものにちがいなく、事実を記述したものではあるまい。

ここでいう東方朔「客難」と揚雄「解嘲」の二篇は、『文選』にも採録される名作であり、通常は設論ジャンルに分属されている。そして、その設論ジャンルは、晋代にとくに流行し、皇甫謐「釈勧論」（本稿の冒頭でもふれた）、夏侯湛「抵疑」、束晢「玄居釈」、郭璞「客傲」などの諸作が、あいついでかかれていた。余嘉錫は、龐統と司馬徽の問答が設論の構成に似ていること、そしてその設論が晋代に盛行したことをふまえたうえで、⑹『世説新語』のこの話柄は、晋代の文人が、当時流行の設論ジャンルに似せて模擬したものだろう、と推測しているのである。この推測は、じつに卓抜したものであり、私には、時代考証による真偽の追求よりも、はるかに興味ぶかく感じられる。

そこで、この余嘉錫の発言にみちびかれながら、⑹『世説新語』の文章と設論ジャンルとの関連を、ややくわしく検討してみよう。はじめに、設論ジャンルの特徴を概観しておけば、①「(客の非難＋主人の反論) ×

た意味で〕ひじょうにとぼしいということである。たとえば、冒頭の部分は、いかなる資料によったかはしらぬが、龐統が、潁川にいた司馬徽をたずねたことになっている（潁川は司馬徽の故郷である）。だが、民国の余嘉錫『世説新語箋疏』にひく程炎震の考証によると、龐統の卒年（建安十九年　二一四）から推測するに、龐統が司馬徽をたずねたのは、初平（一九〇〜一九三）と建安（一九六〜二二〇）のあいだごろだったろう。ところがその時期には、司馬徽は荊州にうつっていて、潁川にはいなかったはずだ——ということのようだ。すると、龐統が潁川に司馬徽をたずねたという、この話柄の大わくじたいが、信用できないことになってこよう。

さらに、二人がであった場面を検討してみると、龐統は馬車のなかから、司馬徽に声をかけたことになっている。桑の樹上の司馬徽と樹下の龐統とが、ながいこと話をするというほどいが、しかし余嘉錫によると、この設定も、はなはだ不自然だという。すなわち、若輩の龐統が馬車からおりて拝伏もせず、車中から司馬徽によびかけるような失礼をするはずがないし、くわえて龐統は、司馬徽の高士ぶりをしっていたはずだから、彼にむかって「金印をおび紫綬をまとうべき」などと主張するなど、とうていありえないことだという。

また末尾で、龐統は「わたくしは辺鄙な地にうまれおち」云々といっているが、これに対しても、余嘉錫は疑問をとなえる。すなわち、龐統のうまれた襄陽は、当時では辺地ではなかったはず、そんな言いかたをしていることは、この話が魏晋のころの作りばなしである証拠だ、と（以上、すべて『世説新語箋疏』より）。

このように、(6)『世説新語』の話柄は、(1)〜(5)からそうとう変化しているが、その変化した部分は、事実と

河のごとき器量をまげて、どうして糸くり女がするようなこと（桑つみ）をされているのですか」。

すると、司馬徽はこたえた。

「まあ馬車からおりなされ。あなたは、小道をとおってはやく到着することをしるだけで、道にまよう危険性をかんがえないようだ。むかし、伯成は畑をたがやして、諸侯の栄誉をのぞまなかったし、原憲は桑の枢のあばら家にすんで、官僚の屋敷に転居しようとしなかった。豪華な邸宅にすみ、りっぱな馬車でゆく、侍女が数十人もいる、そうした生活だけがすばらしいと、どうしていえようか。秦からぬすんだ爵位や馬千乗こそ、許由・巣父が憤慨し、伯夷・叔斉が長嘆したものではないのかな。そうした贅沢があったとしても、珍重するにはたりないよ」。

龐統はいった。

「わたくしは辺鄙な地にうまれおち、真理をきく機会にとぼしゅうございました。もし大鐘をたたき、雷鼓をうってみなかったなら（司馬先生から真理のことばをきかなかったら）、その響きのすばらしさがわからないままだったでしょう」。

まず、おおきな変化として、話柄ぜんたいが、わかい龐統が世にしられた故事ではなく、司馬徽の超俗ぶりを称賛するストーリーにかわっている。つまり(1)〜(5)では、龐統を主人公とした龐統故事だったのだが、この(6)『世説新語』では、龐統が脇役にしりぞき、司馬徽を主人公とした、「司馬徽故事」とでも称すべき話柄に変容しているのだ。

さらに注目したいのは、この(6)『世説新語』であらたに付加された叙述の信憑性が、[5]『蜀志』とはちがっ

(6)【世説新語言語篇】南郡龐士元聞司馬德操在潁川、故二千里候之。至、遇德操采桑。士元従車中謂曰、
「吾聞丈夫処世、当帯金佩紫。焉[有屈洪流之量、而執絲婦之事]」。
徳操曰、
「子且下車。子[適知邪径之速、不慮失道之迷。]
昔[伯成耦耕、不慕諸侯之栄。何有[坐則華屋、侍女数十、然後為奇。
原憲桑枢、不易有官之宅。]　　　　　行則肥馬、
此乃[許父所以慷慨、雖有[竊秦之爵、不足貴也]。
夷斉所以長歎。]　　　千駟之富、
士元曰、
「僕生出辺垂、寡見大義。若不一[叩洪鍾、則不識其音響也]」。
　　　　　　　　　　　　　伐雷鼓、

　南郡の龐統は、司馬徽が潁川にいると耳にしたので、二千里もの道をたずねていった。潁川に到着すると、ちょうど、桑つみをしている司馬徽にであった。龐統は馬車のなかから、司馬徽に声をかけた。
「私は、男子がこの世に処するや、金印をおび紫綬をまとうべき、ときいております。司馬先生は、大

どは、じつに遠慮のない書きかたであり、事実によって直書する史家の精神に忠実な記述だといってよかろう。

しかしながら、この「徹採桑於樹上」云々の部分に関しては、盧弼が反駁するとおりだろう。たしかに盧弼が指摘するように、大の男がふたり、樹上と樹下とで昼夜ぶっとおしで話をするなど、いくらなんでも奇抜すぎる。常識ではありえないだろう。喉がかわくなどということも、さることながら、そもそも、司馬徽のごとき名士が、いくらわかいとはいっても、将来性のある龐統と、そんなふうに会見するはずがなく、たしかに「人情としてありえない」ことなのである。

その意味で、このあたりの記述は、いかにもわざとらしすぎる。話をおもしろくしようとする意図が、あまりにも露骨になっているのだ。こうしたわざとらしい叙しかたは、事実をありのまま記録してゆく史書の記述方式ではなく、むしろ、荒唐無稽な展開をよろこぶ、小説の叙法にちかづいたものだといってよい。陳寿ともあろう篤実な史家が、なぜこうした叙しかたをしたのかといえば、それはやはり、盧弼が指摘するように、魏晋のころの「超逸ぶりをたっとび、放誕簡傲さを風雅だとみな」すならいにながされて、「事実でないことに気づかなかったのだろう。彼といえども、当時のならいはまぬがれなかったのだ」という事情だったのだろう。

四

ところが、右の(1)〜(5)からおくれて、宋代、劉義慶（四〇三〜四四四）の名であまれた『世説新語』ともなると、この**龐統故事**はさらなる変容をくわえられている。すなわち、言語篇第九話に、つぎのような話がお

るのをわすれたほどだった)であった。この(2)の文では、司馬徽の桑つみを、龐統が手助けしたことがきっかけで、ふたりがはなしこんだことになっており、とりたてて奇妙なストーリーではない。ところが、(5)『蜀志』の記述になると、樹上にいた司馬徽が、龐統を樹下にすわらせ、そのまま日中から夜まで、ずっとかたりあったことになっている。話としては、もちろん『蜀志』のほうがおもしろいのだが、しかしここの記述は、ほんとうだろうか。ほんとうに二人は、樹上と樹下とで、昼夜ぶっとおしで話をつづけたのだろうか。

こうした疑問は、私がはじめて感じたものではない。近人の盧弼は、その著『三国志集解』で、つぎのように指摘している。

年少者(龐統)が年配の者(司馬徽)に謁見するとはいえ、どうして昼夜ぶっとおしで樹下に坐する必要があろう。喉だって、かわかぬはずがあるまい。司馬徽が樹上で桑つみするなど、どんなときでも、ありえないし、まして客人と会見するさいに、そんなことをするはずがない。司馬徽は人物鑑定の名手だとしられていたし、また龐統がただものではないとみぬいたわけだから、きっと部屋のなかにひきいれて、真心をつくして歓待したはずだ。どうして昼夜ぶっとおしで、桑樹あたりでかたりあうはずがあろう。南州第一の人物を礼遇するやりかたは、人情としてありえない。これらのやりかたは、超逸ぶりをたっとび、放誕簡傲さを風雅だとみなしていた、魏晋のころのならいとして、陳寿はうっかりして、事実でないことに気づかなかったのだろう。彼といえども、当時のならいはまぬれなかったのだ。

陳寿の『三国志』といえば、誇張のない着実な叙述でしられている。じっさい、さきにみた「少時樸鈍」な

けて司馬徽と会見した。司馬徽はそのとき、樹上で桑をつんでいたが、龐統を樹下にすわらせ、ともにかたりあうこと、日中から夜にまでおよんだ。司馬徽は龐統を希有な人物とおもい、「龐統は南州第一の士人である」といった。この一件から、龐統の名はしられていったのである。

この記事は、『蜀志』龐統伝の冒頭の部分である。この部分の大わくは、さきの(1)～(4)とおなじだが、こまかいところが会話するさいの情景などでは、そうとうちがっている。この部分、『司馬徽は、龐統と会話することによって、その非凡さをみぬいた」という話の大わくは、さきの(1)～(4)とおなじだが、こまかいところ（たとえば、ふたり者旧記』の記事（『蜀志』より時期的におくれる）をひくだけなので、おそらく陳寿は、現在ではもちろん、裴松之のときでも亡佚して、みるをえなかった資料をつかって、この部分を記述したのだろう。とくに「少時樸鈍」（わかいころは、やぼったく鈍重だった）のごとき遠慮のない記述は、偉人伝ふう書物の(1)～(4)（耆旧や先賢の語）には、尊敬のニュアンスがある）では、つづりにくかったはずであり、偉人伝ふう書物とは別系統の資料を、参照したにに相違ない。

ところで、この(5)『蜀志』の記述で注目したいのは、傍線を付した「徽採桑於樹上、坐統在樹下、共語自昼至夜」（司馬徽はそのとき、樹上で桑をつんでいたが、龐統を樹下にすわらせ、ともにかたりあうこと、日中から夜にまでおよんだ）の部分である。この採桑云々の話は、(1)『襄陽耆旧記』にはなかったが、『荊州先賢伝』のほうに類似した話柄がみえていた。(2)の文を、もういちどしめしてみると、「躬採桑後園、士元助之。因與談断世廢興。其言若神、遂移日忘湌」（司馬徽は家のうしろの庭で桑葉をつみ、龐統はそれを手助けした。ふたりは浮世の盛衰を論じた。これがきっかけで、時間がすぎても、夕食をと

のなかに、多少の異同をふくみつつ、採録されていったのだろう。

この(1)〜(4)でさらに注目したいのは、ジャンルの分属こそ、記(1)の文）と伝（2)〜(4)の文）でことなるものの、叙法に関しては、ほぼ相同だということだ。つまり(1)〜(4)とも、郷土の偉人たる龐統のわかいころのエピソードだが、いずれも、装飾した美文で華麗にかこうとする意図はなく、郷土の偉人が、はじめて世にでた経緯を、実直に記述しようとしている。こうした記録ふうスタイルは、その誇張せぬ内容とあいまって、記述の真実性を暗示しているようにおもわれる。その意味で、これら(1)〜(4)の記述は、もとの話（事実）にちかいものだと推測してよかろう。

三

さきの(1)〜(4)の文章は、実直な記録ふうスタイルであった。ところが、これらより百年ほどまえに、同種の話柄が、ちがった記述スタイルでつづられていた。それが、西晋のひと、陳寿（二三三〜二九七）の手になる『蜀志』龐統伝中の記事である。

(5) ［蜀志龐統伝］龐統字士元、襄陽人也。少時樸鈍、未有識者。潁川司馬徽清雅有知人鑒、統弱冠往見徽。徽採桑於樹上、坐統在樹下、共語自昼至夜。徽甚異之、称「統当南州士之冠冕」。由是漸顕。

龐統、字は士元、襄陽の人である。わかいころは、やぼったく鈍重だったので、その価値をみぬいたひとはいなかった。潁川の司馬徽は清雅な人がらで、ひとをみる目があった。龐統は二十歳のころ、でか

(4)『荊州先賢伝』龐士元師事司馬徳操。蠶月躬採桑後園、士元往見之。因与共談、遂移日忘湌。徳操於是異之。《北堂書鈔》巻九八引

龐統は司馬徽に師事していた。蚕をかう四月ごろ、司馬徽が家のうしろの庭で桑葉をつんでいたところ、そこへ龐統がたずねてきた。これで司馬徽は、龐統をただ者ではないとおもった。

この(2)～(4)は、どうやら『襄陽耆旧記』とはべつの書物のようだが、『荊州先賢伝』(『荊州先徳伝とも』)の標題からして、同種の偉人伝だったとみなしてよさそうだ(襄陽と荊州とは、ほぼおなじ地をさす。荊州における中心都市が襄陽である)。清の文廷式は、この書について、習鑿歯とおなじ晋のひと、高範の手になった雑伝ふう書物だと考証している。

この両書の内容を比較してみると、(2)～(4)では、龐徳公が甥の龐統を司馬徽のもとへ、あいにゆかせた一節がなく、逆に、龐統と司馬徽が会話するさいの情景説明(桑つみ、長時間の議論など)が、くわしくなっている。また(1)では、司馬徽が初対面で、龐統の価値をみぬいたことになっている。このように、(1)と(2)～(4)とのあいだには、多少の相違もないではない。しかし、話柄の大わく、つまり「司馬徽は、龐統と会話することによって、その非凡さをみぬいた」という骨子は、(1)～(4)すべてに共通している。それゆえ、(1)～(4)の文は、書物こそちがうものの、けっきょくは、おなじような意図で、おなじような話柄を、大同小異の異聞だったとみなしてよかろう。おそらく当時、同種の話柄が荊州や襄陽の地にひろまっていて、それが同地の偉人伝

馬徽は、「私のごとき俗人に、どうして当世のことがわかりましょう。この地には、伏龍と鳳雛がいるではありませんか」といった。これは、諸葛亮と龐統をさしている）。一読してわかるように、あの有名な伏龍と鳳雛の話であり、三国志物語のなかでも、有名なトピックのひとつだといってよかろう。

さて、(1)とほぼおなじ文が引用されており、当時では有名な話柄だったことがうかがわれる。もっとも、多少は異聞もあったようで、類書のたぐいをさがしてみると、つぎのようなすこしちがった文章がみつかった。して、龐統故事にもどると、『蜀志』巻三十七龐統伝の注（宋の裴松之）にも、やはり「襄陽記に曰く」と

(2)〔荊州先賢伝〕龐士元師事司馬徳操。不矜小名、衆莫知之。徳操蠶月、躬採桑後園、士元助之。因与談断世廃興。其言若神、遂移日忘飡。徳操於是異之。（『太平御覧』巻九五五引）

龐統は司馬徽に師事していた。ささいなことで名をあげようとしなかったので、人びとは龐統の真価に気づかなかった。蚕をかう四月ごろ、司馬徽は家のうしろの庭で桑葉をつみ、龐統はそれを手助けした。これがきっかけで、ふたりは浮世の盛衰を論じた。龐統は鬼神のごとく弁じたて、時間がすぎても、夕食をとるのをわすれたほどだった。そこで司馬徽は、龐統をただ者ではないとおもった。

(3)〔荊州先徳伝〕龐士元師事司馬徳操。徳操蠶月、躬採桑後園、士元往助之。因与共談元善神、遂移日忘飡。徳操於是異之。（『太平御覧』巻六一七引）

龐統は司馬徽に師事していた。蚕をかう四月ごろ、司馬徽は家のうしろの庭で桑葉をつみ、龐統はそれを手助けした。これがきっかけで、ふたりは元善神？について議論をはじめ、龐統は時間がすぎても、夕食をとるのをわすれたほどだった。そこで司馬徽は、龐統をただ者ではないとおもった。

二

まず、この仮称「龐統故事」のもとの話と推定されるものを、確認しておこう。私見によれば、『世説新語』言語篇第九話の注（梁の劉孝標）にひく『襄陽記』の話が、その質朴な内容からして、もっとも事実にちかい記事ではないかとおもわれる。

(1) 〔襄陽記〕士元、徳公之従子也。年少未有識者、唯徳公重之。年十八、使往見徳操、与語。歎曰、「徳公誠知人、実盛徳也」。

龐士元（龐統 一七八～二一四）は龐徳公の甥である。わかいころは、まだ彼の真価をしる者はいなかったが、龐徳公だけが彼をおもんじていた。十八歳のとき、龐徳公は龐統を司馬徳操（司馬徽）のもとへゆかせ、話をさせた。すると、司馬徽は賛嘆して、「龐徳公は、まことに具眼の士だ。〔彼がおもんじる〕この龐統は、じつにりっぱな人物である」といった。

この話柄をのせる『襄陽記』は、正確には『襄陽耆旧記』（襄陽耆旧伝とも）と称し、東晋の史家、習鑿歯（?～三八四）の手になるものである。習鑿歯は襄陽（いまの湖北省）の出身なので、この書は、現在の感覚でいえば、郷土の偉人伝をつづったようなものといえよう。この『襄陽耆旧記』は、現在は散逸しているが、『世説新語』など各書にひかれて、ごく一部が残存している。たとえば『世説』注では、この断片をのせたあとに、つぎのような同書の一節を採録している。「後劉備訪世事於徳操。徳操曰、『俗士豈識時務。此聞自有伏龍、鳳雛』。謂諸葛孔明与士元也」（のち、劉備が時勢について、司馬徽のもとへたずねにいった。すると司

相を呈していたことが、わかってくることだろう。中国文学におけるジャンルなる概念は、じっさいは不変不動のものではなく、「つねに変化し、更新し、拡大して」おり、「いつも安定と変革、規範と反規範のなかに位置」していたのである。

右の渚斌杰氏のご指摘は、いずれも、ふかい洞察にみちたものだが、なかでも、おわりの「各種ジャンルの発生・発展・変化などは、もともと先後継承しあっており、相互に浸透しあうものなのである」の箇所は、とくに注目すべきだとおもわれる。このご指摘にしたがうとすれば、我われは、当該作品を考察するばあい、その作が所属するジャンルだけでなく、近隣のジャンルとの相互浸透ぶりをも、よくわきまえておかねばならないことになろう。

このようにかんがえたとき、本稿がとりあげる仮称「龐統故事」は、なかなかおもしろい資料だといってよい。この故事、基本的な話柄の大わくはおなじでありながら、TPO（時と所と機会）がかわると、小説ふうに潤色されたり、美文ふうに装飾されたりして、たくみに変容をくりかえしている（後述）。そうした、もとの内容が潤色され、叙法が変化し、はてはジャンルまでかわってゆく龐統故事は、文学作品におけるジャンルという、とらえどころのない概念を理解するには、格好の材料だといってよかろう。そこで本稿は、この龐統故事の変容を材料としながら、古代中国におけるジャンルの基本的性格について、気づいたことをのべてゆきたいとおもう。

準も画一的ではなくなってくる。詩や賦は、ふつうはリズムや韻律の違いによって、四言、五言、七言、雑言、古詩、律詩、古賦、騈賦、律賦、文賦などに分類するが、内容や題材からみて、山水詩、詠史詩、詠懐詩、京都賦、江海賦などにわけることもできる。ところが文章のばあいは、ずっと実用性重視の特徴をひきずってきたために、その役割の相違をも分類の基準とすることができた。たとえば、おなじ公用文ではあっても、内容や使用する場面、用途の違いなどによって、詔、令、章、表、議、封事、弾文などにわけられるし、またおなじ哀悼用の文章ではあっても、哀文、誄、祭文、諡文、墓誌銘などに分類される。これによって、煩瑣なジャンルの違いが生じてくるわけだ。……
　また、各ジャンルは、ほんらい規範性と安定性とを有しているが、それは発展の途上において、つねに変化し、更新し、拡大している。そのためジャンルは、いつも安定と変革、規範と反規範のなかに位置することになる。これが、ジャンル史上、しばしば変体が出現する原因でもあるのだ。この変体は、作家の偶発的な試みの結果であったり、新様式の萌芽であったりするのだが、けっきょく、こうしたジャンルの発展は、いつもその分類にあたらしい課題をもたらすことになる。これもまた、ジャンルの分類に複雑さや多様性をひきおこす原因になるのである。(拙訳『中国の文章──ジャンルによる文学史』三〇三〜四頁)

　……ジャンルの歴史においては、各種ジャンルの発生・発展・変化などは、もともと先後継承しあっており、相互に浸透しあうものなのである。(同書三〇九頁)

　この簡明なご説明によって、ジャンルの分属や実体は、その融通無礙な性格もあいまって、こらい複雑な様

もっとも、一篇一篇の作品と、そのジャンル分属とは、なかなか微妙な関係にあって、つねに合理的だというわけではない。たとえば、司馬相如「子虚賦」や曹植「洛神賦」は、たしかに賦ジャンルに属すべき作品であり、当時も後世も、混舌するようなことはありえない。だが、皇甫謐「釈勧論」や魯褒「銭神論」などの作になると、論という標題こそ冠せられているものの、その実体は、主客応酬の構造をもった韻文作品なのである。すると、これらの作は論ではなく、設論ジャンルに分属されたほうが、むしろふさわしい。つまり、これらのばあいは、標題と実体とが、乖離してしまっているのである。

いっぽう、頌のジャンルは、「頌」の字義からしても、ほんらい、そのひとの功績や人がらをたたえるジャンルだったろう。だが、西晋につくられた陸機「漢高祖功臣頌」にいたっては、褒辞だけでなく、貶辞もまじえている。また連珠のジャンルは、当初は政治的訓戒をのべたエピグラムだったようだが、やがて比喩や対偶などの修辞をこらした、遊戯的短文に変化していった。これらのばあいは、ジャンルじたいが、時間の経過とともに、その性格や文章スタイル（以下、叙法と称する）をかえてしまったケースだといえよう。

このようにジャンルというものは、その分属や実体が、牢固としてかわらぬものではなく、かなり不安定なものだったといってよい。そうした、ジャンルの不安定ぶりや、なぜ不安定になるかについては、現代の褚斌杰氏による『古代中国文体概論』（増訂本　北京大学出版社　一九九〇）中の説明が、簡にして要をえているので、ここで引用してみよう。

……ジャンルは、ほんらい外形と内容の双方にかかわっている。言語や構造などの　外形的特徴とともに、内容や題材なども問題になるわけだ。そのため、分類においては多様な角度が可能になるし、基

「文体」の変容をめぐって

福井　佳夫

一

　中国の古典文学では、一篇一篇の賦や文章は、文体のちがいによって、仕わけされることがおおい。すなわち、「子虚賦」「両都賦」「洛神賦」などは、「○○賦」という標題の共通性にしたがって、賦という文体（以下、ジャンルと称する）にひとくくりされるし、また「過秦論」「養生論」「弁亡論」などは、その標題によって、おなじく論のジャンルに属する作だとみなされる。こうした仕わけや分類がつみかさなるうちに、各ジャンルの性格や書きかたも、おのずから固定されてゆく。かくして、後代の文人たちの心中に、「このジャンルは、こうしたものだ」という意識が形成されてゆき、やがてそれが当該ジャンルの伝統として、文学史上に定着してゆくわけだ。

執筆者紹介 (掲載順)

山田 英雄　　中京大学教養部教授
張　静萱　　南山大学非常勤講師
張　　勤　　中京大学教養部教授
酒井 恵美子　中京大学教養部教授
李　　明　　中国大連大学客員教授
大沼 正博　　中京大学教養部教授
櫻井 龍彦　　名古屋大学大学院国際開発研究科教授
春日井 真英　東海学園大学人文学部教授
福井 佳夫　　中京大学文学部言語表現学科教授

社会科学研究所叢書 18
中国研究論集

2006年2月28日　初版発行

編　者	中京大学社会科学研究所
	中国の文化と社会研究プロジェクト
	編集代表　大沼正博
発行者	中京大学社会科学研究所
	代表　安村仁志
	〒466-8666　名古屋市昭和区八事本町101-2
	電話　052(835)7111(代)
発行所	株式会社　白帝社
	〒171-0014　東京都豊島区池袋2-65-1
	電話　03-3986-3271
	FAX　03-3986-3272(営)/03-3986-8892(編)
	http://www.hakuteisha.co.jp/
組版	(株)柳葉コーポレーション／印刷　大倉印刷(株)／製本　カナメブックス

© 2006 中京大学 Printed in Japan 検印省略　　ISBN4-89174-759-5
＊造本には十分注意しておりますが、落丁・乱丁の際はおとりかえいたします。

中京大学社会科学研究所叢書

1	台湾史料綱文　上巻	台湾史料研究会校訂
2	台湾史料綱文　中巻	台湾史料研究会校訂
3	台湾史料綱文　下巻	台湾史料研究会校訂
4	イギリスの社会と文化 －ECの新たな展開と都市の諸問題－	イギリス研究部会 編
5	イギリスの社会と文化 II －都市社会と環境問題－	イギリス研究部会 編
6	日・豪の社会と文化 －異文化との共生を求めて－	オーストラリア研究部会 編
7	JAPAN AT THE CROSSROADS: Hot Issues for the 21st Century	ディヴィド・マイヤーズ 編 石堂功卓
8	日・豪の社会と文化 II －オーストラリアをどう認識するか－	オーストラリア研究部会 編
9	西シベリアの歴史と社会 －トムスクを中心に－	ロシア研究部会 編
10	マイノリティの孤立性と孤高性	プロジェクト〈マイノリティ研究〉編
11	オーストラリア・カナダの法と文化	オーストラリア・カナダ研究部会 編
12	消費者問題と消費者政策	プロジェクト〈消費者問題と 消費者被害救済の研究〉編
13	台湾の近代と日本	台湾研究部会 編
14	消費者問題と消費者保護	プロジェクト〈消費者問題と 消費者被害救済の研究〉編
15	日本統治下台湾の支配と展開	台湾研究部会 編
16	東シベリアの歴史と文化	ロシア研究部会 編
17	日本領有初期の台湾 －台湾総督府文書が語る原像－	台湾研究部会 編